AN RÁLEABHAR GAEILGE

An Ráleabhar Gaeilge
The Irish Phrase-Book

Diarmuid Ó Donnchadha

Bord na Gaeilge

Mercier Press

MERCIER PRESS
PO Box 5, 5 French Church Street, Cork
16 Hume Street, Dublin 2

Trade enquiries to CMD DISTRIBUTION,
55a Spruce Avenue, Stillorgan Industrial Park, Blackrock, Dublin

© Diarmuid Ó Donnchadha

ISBN 0 85342 752 6

20 19 18 17 16 15 14 13

Printed in Ireland by Colour Books Ltd.

Clár/Contents

Foreword/Réamhrá

It is hoped that this little book will help the many
people who know some Irish and who find
themselves from time to time in situations that
demand the use of Irish. We are all familiar with
the English-speaking parent whose child attends an
Irish medium school or the person, young or old,
who visits the Gaeltacht, and so on. These people
are often 'stuck for the right word' and their
embarrassment tends to push them into speaking
English. This book is an attempt to help them find
the right word. We hope people will use it *before*
entering the Irish-speaking situation and so avoid
all the discomfort that comes of consciously
searching for a word or phrase during a
predictable and expected conversation.

Some common Irish words and expressions have
no common English equivalents. Sometimes a
direct translation of the English words would
mislead the listener. For this reason we have given
what the Irish speaker would say in the
circumstances rather than direct translations. This
approach should help to make your speech more
acceptable to native speakers.

Since users of this book will already know some
Irish we do not give any rules of grammar or hints
on pronunciation other than to advise that you

listen carefully to the native speakers, wherever possible.

Irish spelling is very regular. Generally speaking a particular group or pattern of letters consistently represents the same sound. The letters do not, of course, have exactly the same value in Irish as in English.

This book is not designed to give the words most used in everyday conversation. It is not designed to give the meanings of a set of 'difficult' words. Rather is it an attempt to help you deal with a limited number of likely situations. Because of this it is set out in sections according to topic. In some sections we have several words that are used in identical sentences — types of meat, for example, when ordering food in an hotel. Such words are given singly. Generally other words are given in phrases or sentences.

As a general rule standard spelling practice results in renderings such as *do not* rather than *don't* in English and *Go raibh maith agat* and *Dia duit* rather than *Gura maith agat* and *Dia dhuit* in Irish. These spelling conventions do not, of course, alter the pronunciation of the expressions in any way.

Questions/Ceisteanna

Questions make up a large part of conversation and are very often followed by answers that would be meaningless but for their association with the questions. It is important therefore to ask the right questions. Remember, for example, that in some circumstances the Irish question word *cé* corresponds to *whom*, or *whose*, or *which*. Similarly the English question word *which* may correspond to the Irish question word *cé*, or *cérbh* or *cá*.

The more carefully constructed your questions the more likely they are to get you the information you require.

Who?

Who is that?	*Cé hé sin?*
Who is that woman, lady?	*Cé hí an bhean sin?*
(She is) Cáit Ní Chathasaigh	*(Is í) Cáit Ní Chathasaigh (í).*
Who are they?	*Cérb iad? Cé hiad féin?*
Who was that?	*Cérbh é sin?*
Who am I?	*Cé hé mise?*
Who are you, please?	*Cé hé tusa, le do thoil?*
Who is captain of the Cork team?	*Cé atá ina chaptaen ar fhoireann Chorcaí?*
Who was there?	*Cé a bhí ann?*
Who has it?	*Cé aige a bhfuil sé?*
Who was he talking about?	*Cé air a raibh sé ag trácht?*
Who is that for?	*Cé dó é sin?*
Who were you playing? (i.e. against whom were you playing?)	*Cé ina choinne a raibh tú ag imirt?*

Who was best?	*Cé ab fhearr?*
Who do you think has it?	*Cé aige a bhfuil sé, dar leat?*
	Meas tú cé aige a bhfuil sé?
Who did it?	*Cé a rinne é?*
Who is he (she, they) who spoke to you?	*Cé hé (hí, hiad) a labhair leat?*
Who spoke to you?	*Cé a labhair leat?*
Who do you want?	*Cé atá uait?*
Who should I meet but himself!	*Cé a chasfaí orm ach é féin!*
Who knows her?	*Cé aige a bhfuil aithne uirthi?*
Who of us can still remember the man who came to dinner?	*Cá bhfuil an duine againn atá in ann cuimhneamh fós ar an bhfear a tháinig chun dinnéir?*

Which?

Which way (i.e. manner) . . . ?	*Cén chaoi . . . ?*
	(Conas . . . ?)
Which one, (ones)?	*Cé acu ceann, (cinn)?*
Which place (i.e. where)?	*Cén áit?*
Which (one) of us?	*Cé againn?*
Which way is the wind (blowing)?	*Cá bhfuil an ghaoth?*
From which man do you buy it?	*Cé acu fear a gceannaíonn tú uaidh é?*
To which person did you send it?	*Cé acu duine ar chuir tú chuige é?*
Which person do you know?	*Cé acu duine a bhfuil aithne agat air?*
Which (one) did you get get?	*Cé acu (ceann) a fuair tú?*

Which do you prefer?	*Cé acu is fearr leat?*
Which of the two men do you prefer?	*Cé acu den bheirt fhear is fearr leat?*
Which one do you think is nicest?	*Cé acu ceann is deise dar leat? Meas tú cé acu is deise?*
Which of you hit (struck) it?	*Cé agaibh a bhuail é?*
Which man is it?	*Cén fear é?*
Which woman are you talking about (do you mean)?	*Cén bhean atá tú ag rá (atá i gceist agat)?*
Which of us will start?	*Cé againn a thosóidh?*
In which room do you think he is?	*Cén seomra a gceapann tú a bhfuil sé ann?*

Whose?

Who is it?	*Cé leis é?*
Whose fault is it?	*Cé air a bhfuil an locht?*
Whose book did you take?	*Cé leis an leabhar a thóg tú?*

Whom?

Whom do you see?	*Cé a fheiceann tú?*
Whom did you not take with you?	*Cé nár thug tú leat?*
Whom do you mean by the devil?	*Cé a chiallaíonn tú leis an diabhal?*
Whom does she know here?	*Cé air a bhfuil aithne aici anseo?*
Whom did you expect?	*Cé leis a raibh súil agat?*
To whom are you writing?	*Cé chuige a bhfuil tú ag scríobh?*
To whom is he married?	*Cé leis a bhfuil sé pósta?*

To whom is he speaking?	*Cé leis a bhfuil sé ag caint?*
To whom should I speak?	*Cé leis a labharfainn?*
To whom did you give it?	*Cé dó a thug tú é?*
To whom were you referring?	*Cé chuige a bhí tú?*
To whom did he show it?	*Cé dó ar thaispeáin sé é?*
From whom did you get it?	*Cé uaidh a fuair tú é?*

What?

What is that?	*Cad (céard) é sin?*
What did he pay?	*Cad a dhíol sé?*
	Cad a d'íoc sé?
What in . . . ?	*Cad ann . . . ?*
What is that (used) for?	*Cad chuige é sin?*
What is a . . . ?	*Cad é an rud é . . . ?*
	Cad is . . . ann?
What happened to him?	*Cad a d'imigh air?*
	Cad/céard a tharla dó?
What else must be done?	*Cad (céard) eile is éigean a dhéanamh/a chaithfear a dhéanamh?*
What else, can be done (is it possible to do)?	*Cad eile is féidir a dhéanamh?*
What is your name?	*Cad is ainm duit?*
What should be done in future?	*Cad ba cheart a dhéanamh feasta?*
What do you think?	*Cad is dóigh leat?*
What do you want?	*Céard atá uait?*
What do you want it for?	*Cad ab áil leat de?*

What are you doing here? (i.e. why are you here?)	*Cad ab áil leat anseo?*
What country are they from?	*Cá tír dóibh?*
	Cén tír arb as dóibh?
What does what he does matter to us?	*Cad é sin dúinne cad a dhéanfaidh sé?*
What did you do it with?	*Cad leis a ndearna tú é?*
What did he not do?	*Céard nach ndearna sé?*
What are you talking about?	*Cé air a raibh tú ag caint?*
What is the question?	*Cad í an cheist?*
What did you hear Seán sing?	*Céard a chuala tú Séan a chanadh?*
What happened to you?	*Céard a d'éirigh/tharla duit?*
What is troubling you?	*Cad atá ag cur ort?*
	Cad atá ag cur as duit?
What time is it?	*Cén t-am é?*
What good is that?	*Cad é an mhaith sin?*
	Cén mhaith é sin?
What day of the month is it?	*Cén lá den mhí é?*
What people do you know?	*Cé na daoine a bhfuil aithne agat orthu?*
What will you say to him?	*Céard a déarfaidh tú leis?*
What is he (i.e. what work does he do)?	*Cad is ceird dó?*
	Cén obair atá aige?
What job has he?	*Cén post atá aige?*
What is the matter?	*Céard atá cearr?*
What else did he say?	*Céard eile a dúirt sé?*
What did you pay for it?	*Cad a thug tú air?*
What (did you say) (i.e. repeat that please)?	*Céard a deir tú?*

13

What did he beat him with?	*Cad leis a bhuail sé é?*
What is it all about?	*Cad is ciall dó?*
What with?	*Cad leis?*
What about a drink?	*Cad a déarfá le deoch?*
To what are you referring?	*Cad dó a bhfuil tú ag tagairt?*
Of what did he make it?	*Cad de a dhein sé é?*
From what box did you take it?	*Cén bosca ar bhain tú as é?*

Why?

Why did he go there?	*Cad chuige a ndeachaigh sé ann?*
Why do you say that?	*Cad chuige/Cén fáth/ Cad ina thaobh a ndeir tú é sin?*
Why/for what reason, is it so difficult?	*Cad é an chúis a bhfuil sé chomh deacair?*
Why are you here?	*Cad chuige a bhfuil tú anseo?*
Why did you come?	*Cén fáth ar tháinig tú?*
Why did Pól say Seán was there (i.e. the reason for Seán's being there)?	*Cén fáth a ndúirt Pól go raibh Seán ann?*
Why did Pól say Seán was there (i.e. the reason for Pól's saying it)?	*Cén fáth a dúirt Pól go raibh Seán ann?*
Why did you stay at home?	*Cad ina thaobh ar fhan tú sa bhaile?*
Because of fear!	*Tá, an eagla!*
Why not?	*Cad chuige nach ea?*

When?

When?	*Cathain? (Cén uair? Cá huair?)*
When will you come?	*Cathain a thiocfaidh tú?*
When did he come?	*Cá huair a tháinig sé?*
When did you hear that?	*Cén uair a chuala tú é sin?*

Where?

Where is it?	*Cá bhfuil sé?*
Where did you leave it?	*Cár fhág tú é?*
Where?	*Cá háit? Cén áit?*
Where are you from?	*Cad as duit?*
Where was he from?	*Cárbh as é?*
Where are you going?	*Cá bhfuil do thriall?*
Where would he be got?	*Cá bhfaighfí é?*
Where is this you said the car was?	*Cá háit seo a dúirt tú a raibh an gluaisteán?*
Where is the letter I saw you writing?	*Cá bhfuil an litir a chonaic mé tú a scríobh?*
Where is it used?	*Cá bhfuil sé á úsáid?*
Where is what you are learning?	*Cá bhfuil an rud atá tú a fhoghlaim?*

How?

How are you?	*Conas tá tú? Cén chaoi a bhfuil tú?*
How is that?	*Conas sin?*
How is it that . . . ?	*Cad é is cúis leis go . . . ?*
How would I know?	*Cá bhfios dom?*
How much? (How many?)	*Cé (Cá) mhéad?*
How much is that?	*Cén méid é sin? Cá mhéad é sin?*
How long is it?	*Cén fad atá ann?*

How long is the table?	*Cén fad atá an bord?*
How long are you here?	*Cá fhad anseo thú?*
How long were you there?	*Cá fhad a bhí tú ann?*
How far is it from . . . to . . . ?	*Cá fhad é ó . . . go . . . ?*
How old are you?	*Cén aois thú?*
How often have you heard . . . ?	*Cad é a mhinice (Nach minic) a chuala tú . . . ?*
How often did you see them?	*Cá mhinice a chonaic tú iad?*

Ráite úsáideacha/Useful sayings

Thanks (Thank you) (singular).	*Go raibh maith agat.*
Thanks (Thank you) (plural).	*Go raibh maith agaibh.*
Excuse me (Sorry).	*Gabh mo leithscéal.*
It doesn't matter (about it)	*Is cuma (faoi).*
I think so.	*Is dóigh liom é.*
I am not sure.	*Nílim cinnte.*
I don't know.	*Níl a fhios agam.*
I did not know.	*Ní raibh a fhios agam.*
Do not bother (with it).	*Ná bac leis.*
I do not understand.	*Ní thuigim.*
Say it slowly, please	*Abair go mall é, le do thoil.*
Please (singular).	*Le do thoil.*
Please (plural).	*Le bhur dtoil.*
How do you say . . . ?	*Conas a déarfá . . . ?*
I have not much Irish.	*Níl mórán Gaeilge agam.*
I beg your pardon.	*Faighim pardún agat.*
That is fine (i.e. good).	*(Tá sin) go breá (ar fad).*
I like it.	*Is maith liom é.*

I do not like it.	*Ní maith liom é.*
Would you like one?	*Ar mhaith leat ceann?*
No, thanks.	*Níor mhaith, go raibh maith agat.*
Yes, please.	*Ba mhaith, le do thoil.*
Have you . . . ?	*An bhfuil . . . agat?*
Is there a public telephone?	*An bhfuil teileafón poiblí ann?*
That is all.	*Sin uile. Sin an méid.*
By the way.	*Dála an scéil.*
By and large.	*Tríd is tríd.*
I see.	*Tuigim.*
Do you see?	*An dtuigeann tú?*
We will wait and see.	*Is maith an scéalaí an aimsir.*
He made a slip of the tongue.	*D'imigh rith focal air.*
That is not what is troubling him.	*Ní hé sin atá ag déanamh scime dó.*
Good man (Well done).	*Maith thú (Maith an fear).*
Very well.	*Tá go maith.*
It is hard to say.	*Is maith an té a déarfadh.*
If you like.	*Más maith leat.*
At any rate.	*Ar aon nós.*
So that . . .	*I dtreo is go . . .*
However.	*Cibé scéal é.*
Meanwhile.	*Idir an dá linn.*
Just in case.	*Ar eagla na heagla.*
In the hope that . . .	*Le súil is . . .*
I regret to say.	*Is oth liom a rá.*
I would appreciate it if . . .	*Ba mhór agam é dá . . .*
It will do.	*Déanfaidh sé an gnó.*

Beannachtaí agus béasaíocht/Salutations and politeness

Hello/Good day (to one person) — *Dia duit.*

Hello/Good day (to more than one). — *Dia daoibh.*

(Reply to Dia duit/ daoibh). — *Dia is Muire duit (daoibh).*

How are you? — *Conas tá tú? (Cén chaoi a bhfuil tú?)*

Very well, thank you. — *Táim go maith, slán go raibh tú (a bhéas tú).*

Goodbye (to person leaving). — *Slán leat (Slán beo/ Beannacht leat).*

Goodbye (to person staying). — *Slán agat.*

(To more than one person). — *Slán libh (agaibh).*

What is your name? — *Cad is ainm duit?*

Introduce us. — *Cuir in aithne dá chéile sinn.*

This is my brother Tomás. — *Is é seo mo dheartháir Tomás.*

I will see you (again) soon. — *Feicfidh mé (arís) ar ball tú.*

Where are you from? — *Cad as duit?*

Where are you staying? — *Cá bhfuil tú ag cur fút? (Cá bhfuil tú ag fanacht?)*

Will you have a drink? — *An ólfá deoch?*

No, thanks. I've had enough. — *Ní ólfad (Ní ólfaidh mé), go raibh maith agat. Tá mo dhóthain agam.*

Would you like a cigarette? No. I do not smoke. — *Ar mhaith leat toitín? Níor mhaith. Ní ólaim tobac.*

Bon voyage.	*Go n-éirí do bhóthar leat.*
Good luck.	*Go n-éirí do bhóthar leat.*
Please.	*Le do thoil.*
Thanks.	*Go raibh maith agat (agaibh).*
Thanks very much.	*Go raibh míle maith agat (agaibh).*
You are welcome.	*Tá fáilte romhat.*
You are very welcome.	*Céad míle fáilte romhat.*
The same to you.	*Gurb amhlaidh duit.*
God bless you.	*Bail ó Dhia ort.*
Safe home.	*Go dtuga Dia slán abhaile tú (sibh).*
Safe journey.	*Go dté tú (sibh) slán.*
May we be alive this time next year.	*Go mbeirimid beo ar an am seo arís.*
The Lord have mercy on him.	*Go ndéana Dia trócaire air.*
Say 'Goodbye' to her.	*Fág slán aici.*
God bless us.	*Dia linn.*
God, save (help) us.	*Go sábhála Dia sinn.*

Comharthaí agus fógraí poiblí/Public signs and notices

Fógra	*Notice*
Géill slí	*Yield right of way*
Trasna anseo	*Cross here.*
Ná moilltear	*No waiting.*
Cosc ar pháirceáil	*No parking*
Carrchlós	*Car-park*
Stop	*Stop*
Feithiclí ag trasnú	*Vehicles crossing*
Baolach do charbháin chapall	*Dangerous for horse-drawn caravans.*
Aire	*Caution*
Fir ag obair	*Men at work*

An Post	
Oifig an phoist	*Post-office*
Isteach	*In (i.e. entrance)*
Amach	*Out (i.e. exit)*
Ná caitear tobac	*No smoking*
In áirithe	*Reserved*
Leithreas	*Toilet (lavatory)*
Fir	*Gentlemen*
Mná	*Ladies*
Teacht	*Arrival(s)*
Imeacht	*Departure(s)*
Fiosruithe	*Enquiries*
Ticéid	*Tickets*
Seomra feithimh	*Waiting-room*
Feithealann	*Waiting-room*
Custaim	*Customs*
Ardán	*Platform*
Bagáiste	*Baggage (luggage)*
Bruscar	*Litter*
Telefón (Teileafón)	*Telephone*
Óstán	*Hotel*
Lóistín oíche	*Bed and breakfast*
Ciúineas/Ciúnas	*Silence*
Bus	*Bus*
Garda	*Guard*
(An) Garda (Síochána)	*(The) police (policeman)*
Ar oscailt	*Open*
Iascaireacht	*Fishing*
Oifig eolais	*Information office*
Ollscoil	*University*
Ospidéal	*Hospital*
Aerfort	*Airport*
Stáisiún na traenach	*Railway station*
Páistí ag gabháil trasna	*Children crossing*
Tiomáin go mall	*Drive slowly*
Taisteal go mall	*Travel slowly*

Ócáid Timpiste	*Accident Black Spot*
Toradh luais bás	*Speed kills*
Ní rás é	*It is not a race*
Leataobh	*Lay-by*
Eastát tionsclaíochta	*Industrial estate*
Fainic	*Beware*
Rabhadh	*Warning*
Coinnigh siar	*Stay away*
Ná caitear tobac	*No smoking*

Airgead/Money

Money	*Airgead*
Buy it.	*Ceannaigh é.*
I would like to buy it.	*Ba mhaith liom é a cheannach.*
I bought one.	*Cheannaigh mé ceann.*
Where is the nearest bank?	*Cá bhfuil an banc is cóngaraí?*
I have no change.	*Níl aon sóinseáil (bhriseadh) agam.*
Could you change a five pound note for me, please?	*Ar mhiste leat nóta cúig phunt a bhriseadh dom, le do thoil?*
I am afraid I can't	*Is eagal liom nach féidir.*
How much is it?	*Cá mhéad atá air?*
What is the dollar worth?	*Cad is fiú an dollar?*
I have only a pound.	*Níl agam ach punt.*
Penny	*Pingin*
Half-penny	*Leathphingin*
Shilling (i.e. 5p)	*Scilling*
Sign here.	*Cuir d'ainm anseo.*
Sign it.	*Cuir d'ainm leis. (Sínigh é).*

Where is the profit?	*Cá bhfuil an brabach/* *brabús?*
I want (to get) my money back.	*Táim ag iarraidh mo chuid airgid ar ais.*
It is worth the money.	*Is fiú an t-airgead é.*
You got value for your money (i.e. the value of your money).	*Fuair tú luach do chuid airgid.*
How much do I owe you?	*Cá mhéad atá agat orm?*
You owe me 50p	*Tá caoga pingin agam ort.*
Sell me another one.	*Díol ceann eile liom.*
Pay him.	*Díol é.*
Pay for it.	*Díol/Íoc, as.*
Deposit account	*Cuntas taisce*
Current account	*Cuntas reatha*
I don't have any cash.	*Níl aon airgead tirim agam.*
Cash down	*Airgead síos*
I want to cash this cheque.	*Teastaíonn uaim an seic seo a bhriseadh.*
He is in debt.	*Tá sé i bhfiacha.*
I am in debt to him.	*Tá fiacha aige orm.*
Take it out of the Savings Bank.	*Tóg as an mBanc Taisce é.*
You must pay a deposit of £5.	*Ní mór duit éarlais de chúig phunt a íoc.*
Did you deposit the money in the bank?	*Ar chuir tú an t-airgead sa bhanc?*
It was very dear.	*Bhí sé an-daor.*
It is not too cheap.	*Níl sé róshaor*
It is a real bargain.	*Sladmhargadh é.*
He wants the highest price.	*Teastaíonn an phingin is airde uaidh.*

He gives them small sums of money.	*Tugann sé pinginí beaga airgid dóibh.*
What did it cost?	*Cén costas a bhí air?*
The price is written on it.	*Tá an praghas scríofa air*
At a reduced price.	*Ar lascaine.*
I gave a good price for it.	*Thug mé pingin mhaith air.*
It is for sale alright.	*Tá sé ar díol ceart go leor.*
Have you got a price-list?	*An bhfuil luachliosta agat?*
I think it is very costly.	*Is dóigh liom go bhfuil sé an-chostasach.*
They cost fifty pounds each.	*Chuaigh siad caoga punt an ceann.*
It is free (of charge).	*Tá sé saor in aisce.*
How much is to be repaid?	*Cá mhéad atá le haisíoc?*

Taisteal/Travel

I like travelling.	*Is maith liom a bheith ag taisteal.*
He is a good traveller.	*Taistealaí maith is ea é.*
I am here three days now.	*Táim anseo le trí lá anois.*
How long does your holiday last?	*Cá mhéad saoire atá agat?*
I spent a fortnight there.	*Chaith mé coicís ann.*
I was there for a fortnight last year.	*Bhí mé ann ar feadh coicíse anuraidh.*
I will be here for another two days.	*Beidh mé anseo go ceann dhá lá eile.*
How long will you be staying?	*Cá fhad a bheidh tú ag fanacht?*

For a week.	Go ceann seachtaine.
I am going there on holidays.	Táim ag dul ann ar laethanta saoire.
Is there anybody with you?	An bhfuil aon duine leat?
No. I am travelling alone.	Níl. Táim ag taisteal i mo aonar.
I have only one bag.	Níl agam ach mála amháin.
I will take it myself.	Tógfaidh mé féin é.
It is not mine.	Ní liomsa é.
In the booking office.	In oifig na dticéad.
Here is the time-table.	Seo duit an tráthchlár.
A return ticket to . . .	Ticéad fillte go . . .
A single ticket	Ticéad singil
The bus departs at two o'clock in the afternoon.	Fágann an bus ar a dó a chlog um thráthnóna.
You should get a ticket beforehand.	Ba chóir duit ticéad a fháil roimh ré.
May I buy a ticket from you?	An féidir liom ticéad a cheannach uaitse?
I appear to have lost my . . .	Tá an chuma air go bhfuil mo . . . caillte agam
I will go on the express bus.	Rachaidh mé ar an mbus luais.
Is this the bus for Galway?	An é seo bus na Gaillimhe?
When does it reach . . .?	Cén t-am a shroicheann sé . . .?
Do you pass . . .?	An dtéann tú thar . . .?
Tell me when I should get off. (i.e. alight)	Abair liom é nuair is ceart dom tuirlingt.
The next stop will do.	Déanfaidh an chéad stad eile an gnó.
The last bus is gone.	Tá an bus deireanach imithe.

Is there a train earlier than that?	An imíonn traein níos luaithe ná sin?
May we eat on the train?	An bhfuil bia ar fáil ar an traein?
It is a long time coming.	Is fada gan teacht í.
It won't be long till it comes.	Ní fada (is gearr) go dtiocfaidh sí.
It won't be here for a long time.	Is fada go dtiocfaidh sí.
At the air-strip.	An an aerstiall (aerstráice).
Are there regular flights from Galway to Aran?	An dtéann an t-eitleán ó Ghaillimh go hÁrainn go rialta?
It will be a little late.	Bheidh sé beagán déanach.
I would like to book one now.	Ba mhaith liom ceann a chur in áirithe anois.
Does the boat go there. anymore?	An dtéann an bád ann a thuilleadh?
When must I check in (i.e. be there)	Cathain is gá dom bheith ann?
May I cancel it?	An féidir liom é a chur ar ceal?
Where is the gentlemen's toilet?	Cá bhfuil leithreas na bhfear?
Ladies toilet	Leithreas na mban
(Left) luggage office	Oifig an bhagáiste
Can you hurry?	An féidir leat brostú?
Hurry up. We will be late.	Brostaigh ort. Beimid déanach.
The ferryboat leaves the jetty at noon.	Imíonn an bád farantóireachta um nóin.
It is a curragh (corracle).	Curach (naomhóg) is ea í.
Where is the pier?	Cá bhfuil an ché?

The landing place (jetty) is over there. *Thall ansin atá an caladh.*
There is a nice harbour there. *Tá cuan deas ann.*

Gluaisteáin/Cars

Can you drive a car? *An fhéidir leat carr (gluaisteán) a thiomáint?*

He asked me for my driver's licence. *D'iarr sé mo cheadúnas tiomána orm.*
Have you got an insurance certificate? *An bhfuil teastas árachais agat?*
What is your registration number? *Cén cláruimhir atá agat?*
What colour is the car? *Cén dath atá ar an ngluaisteán?*

What make is it? *Cén déanamh í?*
It happened by accident. *Tharla sé de thimpiste.*
I met with an accident. *Bhain timpiste dom.*
Tell me what happened. *Inis dom céard a tharla.*
Did you not see the sign? *Nach bhfaca tú an comhartha?*
No parking *Cosc ar pháirceáil*
No waiting *Ná moilltear*
He ran across the road. *Rith sé trasna an bhóthair.*

He was across the road (i.e. on the other side) *Bhí sé ar an taobh thall den bhóthar.*
Send for the Guards/police. *Cuir fios ar na Gardaí.*

Was anybody hurt? *Ar gortaíodh aon duine?*
Where is the car now? *Cá bhfuil an carr anois?*
What is wrong with it? *Cad atá cearr léi?*
It won't start. *Ní thosóidh sí.*
There is a strange sound from the engine. *Tá glór (torann) ait ón inneall.*

Can you send out a mechanic?	*An féidir leat meicneoir a chur amach?*
Are you short of petrol?	*An bhfuil go leor (do dhóthain) peitril agat?*
Will I fill her up?	*An líonfaidh mé duit í?*
No. Ten pounds worth will be sufficient.	*Ná líon. (Ná déan.) Beidh luach deich bpunt maith go leor.*
I'll put a pint of oil in it.	*Cuirfidh mé pionta ola inti.*
Will I check the tyre pressure?	*An bhfuil go leor (do dhóthain) aeir sna boinn?*
I have a puncture.	*Tá roth pollta agam.*
The tyre blew out.	*Phléasc an bonn.*
Where is the spare wheel?	*Cá bhfuil an roth breise?*
This doesn't work.	*Níl sé seo ag obair.*
Reverse in there.	*Cúlaigh isteach ansin.*
Can you repair it?	*An féidir leat é a dheisiú?*
We can do a temporary repair.	*Is féidir linn é a dheisiú go sealadach.*
We must fit a new . . .	*Ní mór . . . nua a chur inti.*
The fuel pump is broken.	*Tá caidéal an bhreosla briste.*
There is an air pump in the corner.	*Tá teannaire sa chúinne.*
The brakes are worn.	*Ta na coscáin caite.*
When will the car be ready?	*Cathain a bheidh an carr ullamh?*
I will need it in less than two hours.	*Beidh sí uaim faoi cheann dhá uair an chloig*
As soon as possible.	*Chomh luath agus is féidir.*
We charged the battery.	*Luchtaíomar an bataire.*

San Óstán/In the Hotel

A clean towel — *Tuáille glan*
Put it on the table. — *Cuir ar an mbord é.*
Have you got an ashtray? — *An bhfuil luaithreadán agat?*
Leave it to me, myself. — *Fág fúm féin é.*
Call me at six o'clock. — *Glaoigh orm ar a sé a chlog.*

Could you call me at 8 o'clock? — *An nglaofá orm ar a hocht a chlog?*
There is a letter here for you. — *Tá litir anseo duit.*

I would like to make a telephone call. — *Ba mhaith liom glaoch teileafóin a dhéanamh.*
Would you like to leave a message for him? — *Ar mhaith leat teachtaireacht a fhágáil dó?*
I will be with him immediately. — *Rachaidh mé chuige láithreach.*
I will call him (on the telephone) during the morning. — *Cuirfidh mé glaoch teileafóin air i rith na maidine.*
The dining-room is in there. — *Ansin istigh atá an seomra bia.*
Put it on my bill. — *Cuir ar mo bhille é.*
Give me a key. — *Tabhair eochair dom.*
What time will you be returning? — *Cén t-am a bheidh tú ag filleadh?*
What time will you return? — *Cén t-am a fhillfidh tú?*

I will be on duty all during the night. — *Beidh mé ar diúité i gcaitheamh na hoíche.*
I want to settle my account. — *Teastaíonn uaim mo chuntas a íoc.*
Do you accept cheques? — *An ndéanfaidh seic an gnó?*

I enjoyed it very much. — *Thaitin sé go mór liom.*
At the sea-side. — *Cois na farraige.*
Near the strand — *In aice na trá*

Béilí/Meals

Could I have a menu, please?	*Tabhair dom an biachlár le do thoil?*
I will have some soup.	*Tófgaidh mé roinnt anraith.*
I will get you a fresh soup-plate.	*Gheobhaidh mé pláta eile don anraith duit.*
The soup-plate is on the table.	*Tá pláta an anraith ar an mbord.*
Pass the soup-tureen.	*Cuir chugam soitheach an anraith.*
What kinds of meat do you have?	*Cé na saghasanna feola atá agat?*
Is the fish tasty?	*An bhfuil an t-iasc blasta?*
I like it rare.	*Is maith liom scoth-bhruite é.*
It is raw.	*Tá sé amh.*
Is it fresh or frozen?	*An bhfuil sé úr nó reoite?*
What kind of vegetable is it?	*Cén saghas glasra é.*

Gréithe agus sceanra/Ware and cutlery

Cup	*Cupán*
Saucer	*Fochupán*
Plate	*Pláta*
Bowl	*Mias*
Pot (tea etc.)	*Corcán*
Tea-pot	*Taephota*
Jug	*Crúiscín*
Glass	*Gloine*
Knife	*Scian*
Fork	*Forc*
Spoon	*Spúnóg*
Soup-ladle	*Liach anraith*

Bia/Food

Bread	*Arán*
Butter	*Im*
A piece of butter	*Píosa ime*
Jam	*Subh*
Marmalade	*Marmaláid*
Sugar	*Siúcra*
Brown sugar	*Siúcra donn*
Pepper	*Piobar*
Salt	*Salann*
Mustard	*Mustard*
Sauce	*Anlann*
Boiled egg	*Ubh bhruite*
Fried egg	*Ubh fhriochta*

Anraith/Soup

Chicken soup	*Anraith sicín*
Clear soup	*Anraith glé*
Thick soup	*Anraith tiubh*
Oxtail soup	*Anraith damheireabaill*
Vegetable soup	*Anraith glasraí*

Feoil/Meats

Boiled . . .	*. . . beirithe/bruite*
Roast . . .	*. . . rósta*
Mutton	*Caoireoil*
Leg of mutton	*Cos caoireola*
Lamb	*Uaineoil*
Lamb chop	*Gríscín uaineola*
Beef	*Mairteoil*
Steak	*Stéig*
Pork	*Muiceoil*
Bacon	*Bagún*
Gammon	*Gambún bagúin*

(Pig's) trotters	*Crúibíní (muice)*
Ham	*Liamhás*
Rashers (of bacon)	*Slisíní (bagúin)*
Sausages	*Ispíní*
(Black/white) pudding	*Putóg (dubh/bán)*

Éanlaith/Fowl

Chicken	*Sicín*
Turkey	*Turcaí*
Goose	*Gé*
Duck	*Lacha*
Wild-duck	*Lacha fhiáin*
Pheasant	*Piasún*
Woodcock	*Creabhar*
Partridge	*Patraisc*

Éisc/Fish

Fresh fish	*Iasc úr*
Smoked fish	*Iasc deataithe/deataigh*
Trout	*Breac*
Salmon	*Bradán*
Whitefish	*Iasc geal*
Cod	*Trosc*
Sole (white, black, lemon)	*Sól (bán, dubh, sleamhain)*
Hake	*Colmóir*
Skate	*Sciata*
Turbot	*Turbard*
Haddock	*Cadóg*
Mackerel	*Maicréal (ronnach)*
Herring	*Scadán*
Red herring	*Scadán toitleasaithe*
Kipper	*Scadán leasaithe*
Whiting	*Faoitín*
Eel(s)	*Eascann(a)*
Shell-fish	*Iasc sliogach*

Shell	*Sliogán*
Prawn(s)	*Cloicheán(-áin)*
Oyster(s)	*Oisre (-rí)*
Lobster(s)	*Gliomach (-aigh)*
Mussel(s)	*Diúilicín (-í)*
Cockle(s)	*Ruacan (-ain)*
Periwinkles	*Faochain*

Glasraí/Vegetables

Beetroot	*Biatas*
Bean(s)	*Pónaire (-rí)*
Brussels sprouts	*Bachlóga Bruiséile*
Celery	*Soilire*
Carrot(s)	*Cairéad (-éid)*
Cabbage	*Cabáiste*
Cucumber	*Cúcamar*
Lettuce	*Leitís*
Piece of lettuce	*Píosa leitíse*
Onion(s)	*Oinniún (-úin)*
Potatoe(s)	*Práta (í)*
Pea(s)	*Pis(eanna)*
Parsley	*Peirsil*
Parsnip	*Meacan bán*
Cauliflower	*Cóilis*
Piece of cauliflower	*Píosa cóilise*
Turnip(s)	*Tornapa(í)*
Tomato(s)	*Tráta(í)*
Salad	*Sailéad*
Mushroom(s)	*Muisiriún (-úin)/beacán (-áin)*
New potatoes	*Prátaí nua/luaithe*

Torthaí/Fruit

Apple(s)	*Úll(a)*
Ripe apple	*Úll aibidh*

Eating apple	*Úll milis*
Apple-pie	*Píóg úll*
Banana	*Banana*
Cherry	*Silín*
Grape(s)	*Caor(a) fíniúna*
Grapefruit	*Seadóg*
Lemon	*Líomóid*
Melon	*Mealbhacán*
Orange	*Oráiste*
Pear(s)	*Piorra(í)*
Pineapple	*Anann*
Raspberry	*Sú craobh*
Strawberry	*Sú talún*

Deochanna/Drinks

Beer	*Beoir*
Glass of beer	*Gloine beorach*
Brandy	*Branda*
Coffee	*Caifé*
Black coffee	*Caifé dubh*
White coffee	*Caifé bán*
Lemonade	*Líomanáid*
Mineral waters	*Uiscí mianra*
Soda water	*Uisce sóide*
Water	*Uisce*
Orange juice	*Sú oráiste*
Porter	*Pórtar*
Stout	*Leann dubh*
Tea	*Tae*
Wine	*Fíon*
White wine	*Fíon geal*
Red wine	*Fíon dearg*
Sweet wine	*Fíon milis*
Dry wine	*Fíon searbhógach*
Whisk(e)y	*Fuisce/uisce beatha*
Ice	*Oighear*
Ice cube(s)	*Dísle (-lí) oighir*

An Nuachtánaí/The Newsagent

Some reading matter	*Ábhar léitheoireachta*
A newspaper	*Nuachtán (páipéar nuachta)*
I need an ordnance survey map	*Tá léarscáil ordanáis uaim.*
Have you any books by local authors (writers)?	*An bhfuil aon leabhair le húdair/scríbhneoirí áitiúla agat?*
A daily newspaper	*An páipéar laethúil*
Local history and folklore	*Stair agus béaloideas áitiúil*
I'll order it for you.	*Ordóigh mé duit é.*
The post-cards are on the stand outside the door.	*Tá na cártaí poist ar an seastán lasmuigh den doras.*
I want envelopes but I do not want note-paper.	*Tá clúdaigh litreach uaim ach níl páipéar litreach uaim.*
It is not a ball-point pen.	*Ní peann gránbhiorach é.*
And give me a bottle of ink.	*Agus tabhair dom buidéal dúigh.*
We have no ink.	*Níl aon dúch againn.*
Where could I get some?	*Cá mbeadh sé le fáil?*
You could try next-door.	*D'fhéadfá triail a bhaint as an siopa béal dorais.*
What kind of tobacco do you want?	*Cén saghas tobac atá uait?*
Cigarette(s)	*Toitín(í)*
Cigar(s)	*Todóg(a)*
A box of matches	*Bosca lasán*
A lighter	*Lastóir*
I must get some lighter fuel.	*Ní mór dom breosla lastóra a fháil.*

I want to refill it.	*Teastaíonn uaim é a athlíonadh.*
I have plenty of pipes.	*Tá raidhse píopaí agam.*
There is a good selection of pipes here.	*Tá soláthar maith de phíopaí anseo.*
Choose any one you like.	*Roghnaigh aon cheann is maith leat.*
Have you made your choice?	*An bhfuil rogha déanta agat?*
Which one have you chosen?	*Cén ceann atá roghnaithe agat?*
I want a box of sweets and some chocolate.	*Tá bosca milseán agus roinnt seacláide uaim.*

Siopadóireacht/Shopping

Where is the supermarket?	*Cá bhfuil an t-ollmhargadh?*
It is near the chemist's shop.	*Tá sé in aice an tsiopa phoitigéara.*
I will ask the chemist for advice.	*Iarrfaidh mé comhairle ar an bpoitigéir.*
There is a bigger shop farther down.	*Tá siopa níos mó níos faide síos.*
Can I buy one here?	*An féidir liom ceann a cheannach anseo?*
Are they for sale?	*An bhfuil siad ar díol?*
What time do the shops close?	*Cén t-am a dhúntar na siopaí?*
We have a half-day (holiday).	*Tá leathlá (saoire) againn.*
Do you have a smaller one?	*An bhfuil ceann níos lú agat?*
It is a real bargain.	*Sladmhargadh ceart is ea é.*
They struck a bargain.	*Rinne siad margadh.*
Bargain sale.	*Saor-reic.*

It is a bargain.	Conradh maith é. Tá sé ina mhargadh.
It is too dear.	Tá sé ró-dhaor.
I will take the cheap one.	Tógfaidh mé an ceann saor.
I want a . . .	Tá . . . uaim.
I would like to buy . . .	Ba mhaith liom . . . a cheannach.
We do not have such a thing.	Níl a leithéid (de rud) againn.
We do not sell them at all.	Ní dhíolaimid in aon chor iad.
Do you want anything else?	An bhfuil aon ní eile uait?
No. That is all.	Níl. Sin uile/Sin an méid.
Would you mind sending it to . . .?	Ar mhiste leat é a chur chuig . . .?
What kind do you want?	Cén saghas atá uait?
I like that one.	Is maith liom an ceann sin.
Which do you prefer?	Cé acu ceann is fearr leat?
I do not like it.	Ní maith liom é.
How much is it?	Cá mhéad atá air?
Twenty pence each.	Fiche pingin an ceann.
It is dear (cheap).	Tá sé daor (saor).
A cheaper one	Ceann níos saoire
Too expensive	Róchostasach
Would you like a receipt?	Ar mhaith leat admháil?
Here is your change.	Seo duit do chuid sóinseála.
This is wrong.	Tá seo mícheart.
Have you change for a twenty pound note?	An bhfuil sóinseáil ar nóta fiche punt agat?
I am only looking around.	Nílim ach ag féachaint timpeall.

Leave it on the counter.	*Fág ar an gcuntar é.*
I would like to see the manager.	*Ba mhaith liom labhairt leis an mbainisteoir.*

An t-éadaitheoir/The draper

What colour is it?	*Cén dath atá air?*
I would prefer something a little better.	*B'fhearr liom rud éigin beagán níos fearr.*
It is a bit tight (loose).	*Tá sé beagán cúng (scaoilte)*
Try a smaller one (bigger one).	*Bain triail as ceann níos lú (mó).*
What size do you wear?	*Cén uimhir (saghas) a chaitheann tú?*
It is a small size.	*Saghas beag is ea é.*
He measured me.	*Thomhais sé mé.*
Write down the measurements.	*Scríobh síos na toisí.*
Made of leather	*Déanta de leathar*
I bought it yesterday.	*Inné a cheannaigh mé é.*
It is broken (torn)	*Tá sé briste (sractha/ stróicthe).*
We will refund your money.	*Tabharfaimid do chuid airgid ar ais duit.*
I will change it for you.	*Aistreoidh mé duit é.*
I will alter it for you.	*Athróidh mé duit é.*
I will get the one in the window.	*Gheobhaidh mé an ceann san fhuinneog.*
I do not need a sun-hat.	*Ní gá dom hata gréine.*
Try it on.	*Féach umat é. (Féach/Triail ort é).*
It suits you.	*Tagann sé duit. Feileann sé duit.*
It is a perfect fit.	*Tá do thomhas go beacht ann.*

| We have hand-made clothes. | *Tá éadaí lámhdhéanta againn.* |

Seoid chuimhne/A souvenir

I would like to buy one or two souvenirs.	*Ba mhaith liom seoid chuimhne nó dhó a cheannach.*
Something of local manufacture.	*Rud éigin de dhéantús na háite.*
What kind of thing would you like?	*Cén saghas ní a thaitneodh leat?*
Would pottery suit?	*An oirfeadh cré-earraí?*
Perhaps a vase?	*Vása (bláthchuach) b'fhéidir?*
Jar	*Próca*
Dish	*Mias*
Ashtray	*Luaithreadán*
Candlestick	*Coinnleoir*
There is an exhibition of paintings in the school.	*Tá taispeántas péintéireachta (ar siúl) sa scoil.*
They have pictures by local artists.	*Tá pictiúir le healaíontóirí áitiúla acu.*

Siopa an phoitigéara/The chemist's shop

I have an electric razor.	*Tá rásúr leictreach agam.*
I forgot to bring it with me.	*Dhearmad mé é a thabhairt liom.*
This is an excellent razor.	*Sár-rásúr é seo.*
It has two blades.	*Tá dhá lann ann.*
Any one at all will do.	*Déanfaidh aon cheann in aon chor an gnó.*
I need a tooth-brush and tooth-paste too.	*Tá scuab fiacal agus taos fiacal uaim freisin.*
Do you wear false-teeth?	*An bhfuil fiacla bréige agat?*

I have got my camera but I left my spare film on the bus. When will the snaps be ready?	*Tá mo cheamara agam ach d'fhág mé an scannán breise ar an mbus. Cathain a bheidh na grianghraif ullamh?*

Níochán agus glanadh/Laundry and cleaning

It is dirty.	*Tá sé salach.*
It is stained.	*Tá sé salaithe.*
There is a button missing.	*Tá cnaipe ar iarraidh.*
Take them to the cleaners.	*Tabhair chuig na glantóirí iad.*
It can be washed.	*Is féidir é a ní.*
Press this suit.	*Déan an chulaith éadaigh seo a phreasáil.*
A coat and a skirt	*Cóta agus sciorta*
A pair of pants	*Bríste*
A red cardigan	*Cairdeagan dearg*
A blue jumper	*Geansaí gorm*
Make a parcel of the laundry.	*Cuir na héadaí atá le níochán i mbeart.*
It is washed.	*Tá sé nite.*
A clean shirt.	*Léine ghlan.*
Are you in a hurry?	*An bhfuil deabhadh/ deifir, ort?*
There is no hurry.	*Níl aon deabhadh*
Underwear (underclothes)	*Fo-éadaí*
It will not be ready for two days.	*Ní bheidh sé ullamh go ceann dhá lá.*
It will be ready in an hour.	*Beidh sé ullamh i gceann uaire.*
Can you repair it?	*An féidir leat é a dheisiú?*

An bearbóir agus an gruagaire/
The barber and the hairdresser

I would like to make an appointment.
Ba mhaith liom coinne a dhéanamh.

What time would suit you?
Cén t-am a d'oirfeadh duit?

A hair-cut
Bearradh gruaige.

She is doing her hair.
Tá sí ag réiteach a cinn (a cuid gruaige).

Have you seen my hair-brush?
An bhfaca tú mo scuab gruaige?

Hair-clip
Fáiscín gruaige

Hair-curler
Trilseachán/catóir, gruaige

Hair-drier
Triomadóir gruaige.

Hair-net
Eangach gruaige

Hair-pin
Biorán gruaige

Curling tongs
Tlú cataíola

Curly hair
Gruaig chatach

To set my hair.
Mo chuid gruaige a fheistiú.

Would you give me a shampoo?
An ndéanfá mo ghruaig a fholcadh?

Shampoo (i.e. soap)
Foltfholcadh (i.e. gallúnach)

Have a look in the mirror.
Féach sa scathán.

A little at the back (of my head)
Beagán ar chúl (mo chinn)

Hair-oil
Ola gruaige

Would you like a wave in it?
Ar mhaith leat tonnadh ann?

The bank and the post-office/An banc agus an post

I would like to see the manager.	*Ba mhaith liom labhairt leis an mbainisteoir.*
I have lost my credit-card.	*Tá mo chárta creid-mheasa caillte agam.*
Have you got a cheque card?	*An bhfuil seic-chárta agat?*
Deposit the money with the bank.	*Cuir an t-airgead i dtaisce sa bhanc.*
To withdraw twenty pounds	*Fiche punt a tharraingt (as an mbanc)*
Cheque-book	*Seicleabhar*
Crossed cheque	*Seic crosáilte*
Traveller's cheque	*Seic taistil*
Bank account	*Cuntas bainc*
Current account	*Cuntas reatha*
Deposit account	*Cuntas taisce*
Bank-book	*Leabhar/Pasleabhar, bainc*
Lodgement	*Lóisteáil*
Savings bank	*Banc taisce*
What time does the post-office close?	*Cén t-am a dhúntar oifig an phoist?*
I need some stamps.	*Tá roinnt stampaí uaim.*
I will take two postcards.	*Tógfaidh mé dhá chárta poist.*
Send it airmail.	*Cuir ar aerphost é.*
It is a registered letter.	*Litir chláraithe is ea í.*
Send him a telegram.	*Cuir teileagram (sreangscéal) chuige.*
Call him on the telephone.	*Glaoigh air ar an teileafón.*
You are wanted on the telephone.	*Tá glaoch ort ar an teileafón.*

There is a telephone-box outside the post-office.	*Tá bosca teileafóin lasmuigh de oifig an phoist.*
What is your number?	*Cén uimhir atá agat?*
Number, please?	*Cén uimhir atá uait, le do thoil.*
Insert fifty pence.	*Cuir isteach caoga pingin*
Hold the line.	*Coinnigh an líne.*
Would you like to leave a message?	*Ar mhaith leat teachtaireacht a fhágáil?*
I will ring again later.	*Glaofaidh mé arís níos déanaí.*
The number is engaged.	*Tá an uimhir in áirithe.*
There is no reply (from them).	*Níl aon fhreagra (uathu).*
There will be a delay (on the call).	*Beidh moill ar an nglaoch.*
You have the wrong number.	*Tá an uimhir mhícheart agat.*

Caitheamh aimsire/Recreation

There is a museum in Dingle.	*Tá músaem (iar-smalann) sa Daingean.*
There is a library there too.	*Tá leabharlann ann chomh maith (freisin).*
There are two cinemas there.	*Tá dhá phictiúrlann ann.*
Were you at the concert?	*An raibh tú ag an gceolchoirm?*
I want to book seats.	*Teastaíonn uaim suíocháin a chur in áirithe.*
There is no theatre in Bearna.	*Níl aon amharclann i mBearna.*
It starts at eight o'clock.	*Tosaíonn sé ar a hocht a chlog.*

Do you swim?	*An bhfuil snámh agat?*
It is on the beach.	*Tá sé ar an trá.*
Is it safe to swim?	*An bhfuil sé slán dul ag snámh?*
It is dangerous.,	*Tá sé dainséarach.*
The current is very strong there.	*Tá sruth an-láidir ann.*
There is a swimming pool in the hotel.	*Tá linn (poll) snámha sa teach ósta.*
I would like to go fishing.	*Ba mhaith liom dul ag iascach.*
A fishing rod.	*Slat iascaigh*
Fishing gear.	*Trealamh iascaigh*
He is a good angler.	*Slatiascaire maith is ea é.*
Trout	*Breac*
Salmon	*Bradán*
Mackerel	*Maicréal (Ronnach)*
To hire a boat	*Bád a thógáil ar cíos*
It is a very long walk.	*Siúlóid an-fhada is ea é.*
Where is the playing field?	*Cá bhfuil páirc na himeartha?*
An important game (match).	*Cluiche tábhachtach.*
Football	*Peil*
Football match	*Cluiche peile*
Football boots	*Bróga peile*
Hurley ball	*Sliotar*
Hurley stick	*Camán*
Hurling match	*Cluiche iománaíochta (iomána)*
Ladies hurling	*Camógaíocht*
Who won?	*Cé a bhuaigh?*
Who is playing?	*Cé atá ag imirt?*
On the stand.	*Ar an seastán.*
The County championship.	*Craobh an chontae.*

The final (game)	An cluiche ceannais
The semi-final	An cluiche leath-cheannais
The All-Ireland Championship	Craobh na hÉireann.
The dance-hall	An halla rince
A session of Irish dancing.	Céilí
Evening pastime (social evening)	Scoraíocht
Racecourse	Ráschúrsa
Horse-racing	Rásaíocht chapall (Rásaí capall)
Boat	Bád
Coracle (curragh)	Curach (naomhóg)
A game of golf	Cluiche gailf
Golf club	Maide gailf

Figiúirí/Numbers

I will take one (two).	Tógfaidh mé ceann (dhá cheann).
It happened a year ago.	Tharla sé bliain ó shin.
I saw it twenty times.	Chonaic mé fiche uair é.

The forms *bliain, ceann,* and *uair* are used with 1, 2 and with multiples of 10.
bliana, cinn, and *uaire* are used with all other numerals.

Give me six.	Tabhair sé cinn dom.
Three years ago.	Trí bliana ó shin.
He did it eight times.	Rinne sé ocht n-uaire é.
I spoke to him three times.	Labhair mé leis trí huaire.

The following are the forms used in counting when the things being counted are named. Note the forms that lenite following words and those that eclipse following words.

One box	*Bosca (amháin)*
Two boxes	*Dhá bhosca*
Three boxes	*Trí bhosca*
Four boxes	*Ceithre bhosca*
Five boxes	*Cúig bhosca*
Six boxes	*Sé bhosca*
Seven boxes	*Seacht mbosca*
Eight boxes	*Ocht mbosca*
Nine boxes	*Naoi mbosca*
Ten boxes	*Deich mbosca*
Eleven boxes	*Aon bhosca dhéag*
Twelve boxes	*Dhá bhosca dhéag*
Thirteen boxes	*Trí bhosca dhéag*
... ...	... ...
Eighteen boxes	*Ocht mbosca dhéag*
Twenty boxes	*Fiche bosca*
Twenty-one boxes	*Bosca is fiche*
Twenty-two boxes	*Dhá bhosca is fiche*
Thirty boxes	*Tríocha bosca*
Forty boxes	*Daichead bosca*
A hundred boxes	*Céad bosca*
Two hundred boxes	*Dhá chéad bosca*

Déag is lenited where the preceding noun ends on a vowel.

| Thirteen cows | *Trí bhó dhéag* |
| Eighteen people | *Ocht nduine dhéag* |

The following are the forms used of people.

One person	*Duine*
Two persons	*Beirt*
Three persons	*Triúr*
Four persons	*Ceathrar*
Five persons	*Cúigear*

Six persons	*Seisear*
Seven persons	*Seachtar*
Eight persons	*Ochtar*
Nine persons	*Naonúr*
Ten persons	*Deichniúr*
Eleven persons	*Aon duine dhéag*
Twelve persons	*Dáréag*

The following are the ordinal forms:

First	*Céad*
The first horse	*An chéad chapall*
Second	*Dara*
Third	*Tríú*
Fourth	*Ceathrú*
Fifth	*Cúigiú*
Sixth	*Séú*
Seventh	*Seachtú*
Eighth (the)	*Ochtú (an t-)*
Ninth	*Naoú*
Tenth	*Deichiú*
Eleventh	*(an t-) aonú . . . déag*
Twelfth	*(An) dóú . . . déag*
Thirteenth	*Tríú . . . déag*
Twentieth	*Fichiú*
Twenty-third	*Tríú . . . is fiche*
Thirtieth	*Tríochadú*
Fortieth	*Daicheadú*
Hundredth	*Céadú*

Codáin/Fractions

Half	*Leath*
Quarter	*Ceathrú*
Three-quarters	*Trí cheathrú*
One-third	*Trian*
Two-thirds	*Dhá thrian/dtrian*

Percentage	*Céatadán*
Five percent	*Cúig faoin gcéad*

Meáchain agus tomhais/Weights and measures

Inch	*Orlach*
Foot	*Troigh*
Yard	*Slat*
Mile	*Míle*
Milli-	*Millea-, milli-*
Centi-	*Ceintea-, ceinti-*
Deci-	*Deicea-, deici-*
Kilo-	*Cilea-, cili-*
Metre	*Méadar*
Litre	*Lítear*
Gramme	*Gram*

There are no special personal forms beyond *dáréag.*
Personal forms are also used with following nouns:

Three men	*Triúr fear*

When the article (the) is used before a numeral the form *an* is used before aon (one), dá (two), fiche (twenty), tríocha (thirty), . . . nócha (ninety), céad (hundred), . . . míle (thousand), milliún (million). The form *na* is used before all others: trí (three), ceithre (four), cúig (five), sé (six), seacht (seven), . . . seacht déag (seventeen):

The two pence	*An dá phingin*
The thirty men	*An tríocha fear*
The three cows	*Na trí bhó*
The seven boats	*Na seacht mbád*
The ten pence	*Na deich bpingin*

The following forms are used in simple counting, i.e. where the things being counted are not named, telling time and speaking of numbered things: *a haon, a dó, a trí*, one, two three; *a haon a chlog*, one o'clock; *caibidil a trí*, chapter three.

One	*A haon*
Two	*A dó*
Three	*A trí*
Four	*A ceathair*
Five	*A cúig*
Six	*A sé*
Seven	*A seacht*
Eight	*A hocht*
Nine	*A naoi*
Ten	*A deich*
Eleven	*a haondéag*
Twelve	*A dódhéag*
Thirteen	*A trí déag*
Fourteen	*A ceathair déag*
... ...	*... ...*
Twenty	*Fiche*
Twenty-one	*Fiche a haon*
Twenty-two	*Fiche a dó*
Thirty	*Tríocha*
Forty	*Daichead*
Fifty	*Caoga*
Sixty	*Seasca*
Seventy	*Seachtó*
Eighty	*Ochtó*
Ninety	*Nócha*
Hundred	*Céad*

Coláistí Gaeilge/Irish Language Colleges

Irish-speaking area	*Gaeltacht*
The dates of the course	*Dátaí an chúrsa*
May I book now?	*An féidir áirithint a dhéanamh anois?*
A Summer course	*Cúrsa Samhraidh*
Travel arrangements	*Socruithe taistil*
Special buses	*Busanna speisialta*
Scholarships	*Scoláireachtaí*
Send me an application form.	*Cuir foirm iarratais chugam.*
Send (me) a deposit.	*Cuir éarlais chugam.*
May they have visitors?	*An bhfuil céad acu cuairteoirí a bheith acu?*
What about supervision?	*Cad faoi mhaoirseacht?*
They stay in the college.	*Cuireann siad fúthu sa choláiste.*
The houses were carefully chosen.	*Roghnaíodh na tithe go cúramach.*
They attend classes every day.	*Freastalaíonn siad ar ranganna gach lá.*
What about games?	*Cad faoi chluichí?*
Other pastimes	*Caitheamh aimsire eile*
Do you hold a céilí?	*An mbíonn céilí agaibh?*
An Irish dancing session.	*Céilí.*
Are there laundry facilities?	*An bhfuil áiseanna ann chun éadaí a ní?*
Sports equipment	*Trealamh spóirt*
Will they need bicycles?	*An dteastóidh rothair uathu?*
At the interview	*Ag an agallamh*
We examine them.	*Cuirimid scrúdú orthu.*
It is an adventure course.	*Is cúrsa eachtraíochta é.*

Have you any vacancy?	*An bhfuil aon fholúntas agaibh?*
What must I do?	*Cad is gá dom a dhéanamh?*
Must they bring bed-clothes?	*An gá dóibh éadaí leapa a thabhairt leo?*
Would a sleeping-bag do?	*An ndéanfadh mála codlata an gnó?*
I hope they will be alright.	*Tá súil agam go mbeidh siad ceart go leor.*

Teach an tábhairne/The public house

Good health!	*Sláinte mhaith!*
Will you have a drink?	*An ólfá deoch?*
A half-glass	*Leathghloine*
A glass of ale	*Gloine leanna*
Drinking beer	*Ag ól beorach*
A bottle of whiskey	*Buidéal fuisce*
I do not drink spirits	*Ní ólaim biotáille*
A drop of brandy	*Braon branda*
Lounge bar	*Deochlann*
He is in the bar	*Tá sé sa bheár.*
I will drink your health.	*Ólfaidh mé do shláinte.*
Another pint	*Pionta eile*
A half-pint	*Leathphionta*
Orange juice	*Sú oráiste*
Lemonade	*Líomanáid*
Time! (Time up!)	*Tá an t-am istigh!*

Raidió agus teilifís/Radio and television

Local radio	*An raidió áitiúil*
The Gaeltacht Broadcasting service.	*Raidió na Gaeltachta*
News	*Nuacht*
News headlines	*Cinnlínte nuachta*

Magazine	*Iris*
Choice	*rogha*
A new programme	*Clár nua*

An Aimsir/The Weather

It is like rain (i.e. there are signs of rain).	*Tá cuma (na) báistí air.*
It rained very heavily.	*Rinne (Dhein) sé an-uisce (tuille).*
It is raining.	*Tá sé ag cur (báistí).*
Snowing	*Ag cur sneachta*
Sleet	*Flichshneachta*
Snow	*Sneachta*
Rain	*Báisteach (fearthainn)*
It is pouring rain.	*Tá sé ag stealladh báistí.*
Strong wind	*Gaoth láidir (stolladh gaoithe).*
South west wind	*Gaoth aniar aneas*
North wind	*Gaoth aduaidh*
South (southerly) wind	*Gaoth aneas*
East wind	*Gaoth anoir*
Storm(y)	*Stoirm(iúil)*
The weather is improving.	*Tá an aimsir ag dul i bhfeabhas.*
A gale of wind	*Gála gaoithe*
Frost	*Sioc*
It is freezing.	*Tá sé ag cur seaca.*
The cold is intense.	*Tá an fuacht feanntach.*
It is cold	*Tá sé fuar.*
The sun was shining.	*Bhí an ghrian ag taitneamh.*
It was wet.	*Bhí sé fliuch.*
A warm (hot/sultry) day	*Lá brothallach*
Chilly	*Glas (glasfhuar)*
Hardy	*Cuisniúil*
It is getting worse.	*Tá sé ag dul in olcas.*

There is a new moon.	*Tá athrú ré ann.*
It was a moonlit night.	*Oíche ghealaí a bhí ann.*
The clouds are very high.	*Tá na scamail an-ard.*
The road is flooded.	*Tá an bóthar faoi uisce.*
There is a flood in the river.	*Tá tuile san abhainn.*
The wind is rising.	*Tá an gaoth ag éirí (ag ardú)*

Ag cur eolas na slí — treonna/Asking the way – directions

Where is . . . ?	*Cá bhfuil . . . ?*
How do I get to . . . ?	*Conas a rachfá go . . . ?*
Which is the best road?	*Cé acu bóthar is fearr?*
What place is this?	*Cén áit é seo?*
In that direction	*Sa treo sin.*
Continue on this road.	*Lean ort ar an mbóthar seo.*
Go to the right at the crossroads	*Téigh fó/faoi dheis ag an gcrosaire.*
Turn about.	*Iompaigh thart.*
Turn left.	*Cas fó/faoi chlé.*
On the left (right) hand side.	*Ar thaobh na láimhe clé (deise).*
The first turn on your left.	*An chéad chasadh ar thaobh na láimhe clé*
At the traffic lights.	*Ag na soilse tráchta*
Go over the bridge.	*Téigh thar an droichead.*
Ask somebody there (for the information).	*Fiafraigh de dhuine éigin ansin.*
Going north	*Ag dul ó thuaidh*
Going south	*Ag dul ó dheas*
Going west	*Ag dul siar*
Coming north	*Ag teacht aneas*
Coming south	*Ag teacht aduaidh*

Coming east	*Ag teacht aniar*
Coming west	*Ag teacht anoir*
In the north (i.e. northern region)	*Sa tuaisceart*
In the south	*Sa deisceart*
In the east	*San oirthear*
In the west	*San iarthar*

Timpiste/An Accident

Send for the Gardaí (i.e. police).	*Cuir fios ar na Gardaí.*
The ambulance	*An t-otharcharr*
The hospital	*An t-ospidéal*
Has the doctor come?	*Ar tháinig an dochtúir?*
Is he badly injured?	*An bhfuil sé gortaithe go dona?*
A broken leg	*Cos bhriste*
It is sprained.	*Tá sé leonta.*
It is only a scratch	*Níl ann ach scríob.*
My bag was stolen.	*Goideadh mo mhála.*
He fainted.	*Thit sé i bhfanntais.*
Show me your driving licence.	*Taispeáin do cheadúnas tiomána.*
Insurance certificate (certificate of insurance)	*Teastas árachais (deimhniú árachais)*
Name and address	*Ainm agus seoladh*
Insurance company	*Comhlacht árachais*
Report it to the Gardaí	*Cuir in iúl do na Gardaí é.*
Put it in the garage.	*Cuir sa gharáiste é.*

An dochtúir/The doctor

I must see a doctor.	*Ní mór dom an dochtúir a fheiceáil.*
Get a doctor.	*Cuir fios ar an dochtúir.*
I have a headache	*Tá tinneas cinn orm.*

I am ill.	Táim tinn.
My back hurts.	Tá tinneas droma orm.
I have no appetite.	Níl aon ghoile agam.
I find it difficult to breathe.	Is deacair liom análú.
I am a diabetic.	Diaibhéiteach is ea mé.
I feel dizzy.	Tá meadhrán orm.
I have an earache.	Tá tinneas cluaise orm.
I have a pain.	Tá pian orm.
My hand is swollen.	Tá mo lámh ata.
I was vomiting this morning.	Bhí mé ag cur amach ar maidin.
I have a cold.	Tá slaghdán orm.
I cut my thumb.	Ghearr mé mo ordóg.
I think my ankle is sprained.	Sílim go bhfuil mo rúitín leonta.
My knee is sore.	Tá mo ghlúin tinn.
My wrist.	Mo rosta (caol mo láimhe)
It is festering.	Tá sé ag déanamh ábhair (angaidh). Tá sé ag séideadh.
I knocked the scab off the wound.	Bhain mé an gearb den chréacht.
My stomach is upset.	Tá mo ghoile ag cur orm.
Open your mouth.	Oscail do bhéal.
Put out your tongue.	Sín (cuir) amach do theanga.
There is fur on your tongue.	Tá carr ar do theanga.
Lie down there.	Luigh síos ansin.
Tell me if it hurts.	Abair liom é má ghortaím tú.
Do you have diarrhoea?	An bhfuil buinneach ort?
What happened to you?	Cad a tharla duit?
Where did it hurt?	Cár ghortaigh sé tú?

I will give you an injection.	*Tabharfaidh mé instealladh (an tsnáthaid) duit.*
Take this prescription to the chemist.	*Tóg an t-oideas seo chuig an poitigéir.*
Take one of these pills three times a day.	*Tóg ceann de na piollaí seo trí huaire sa lá.*
Come back to me in a week if you are not all right.	*Tar ar ais chugann i gceann seachtaine mura mbíonn feabhas (biseach) ort.*
You must be X-rayed.	*Ní mór X-ghathú a dhéanamh ort.*
There is nothing on the X-ray.	*Níl aon ní ar an X-gha.*
Your shoulder is dislocated.	*Tá do ghualainn as alt.*
I will have to put you in hospital.	*Beidh orm tú a chur san ospidéal.*
I am much better.	*Tá feabhas mór orm.*
How much do I owe you?	*Cá mhéad atá agat orm?*
Must I stay in bed?	*An gá dom fanacht ar mo leaba?*
He is sunburned.	*Tá sé dóite ag an ngrian.*

An fiaclóir/The dentist

I have an appointment with the dentist.	*Tá coinne agam leis an bhfiaclóir.*
I have a toothache.	*Tá tinneas fiacaile orm.*
The filling has fallen out.	*Tá an líonadh tite amach.*
The gum is bleeding.	*Tá an drandal ag cur fola.*
It is an abscess.	*Easpa is ea é.*
To extract a tooth	*Fiacail a stoitheadh*

He extracted one.	*Stoith sé ceann amháin.*
False teeth	*Fiacla bréige*
Denture	*Cíor bhréige.*

Reiligiún/Religion

Where is the church (chapel)?	*Cá bhfuil an séipéal?*
It is in the monastery.	*Tá sé sa mhainistir.*
Near the convent.	*In aice an chlochair (in aice leis an gclochar).*
He is a monk.	*Manach is ea é. Is manach é.*
Priest	*Sagart*
Bishop	*Easpag*
Nun	*Bean rialta*
I am the new minister.	*Is mise an ministéir nua.*
That is the priest's house.	*Sin é teach an tsagairt.*
He is not the parish priest but the curate.	*Ní hé an sagart paróiste é ach an sagart óg.*
Who will say the first mass?	*Cé a léifidh an chéad aifreann?*
We were at morning service.	*Bhíomar ar sheirbhís na maidine.*
Morning prayer is just over.	*Tá urnaí na maidine díreach thart.*
I do not have a prayer-book.	*Níl leabhar urnaí agam.*
Say The Lord's Prayer.	*Abair an tÁr nAthair.*
He preached a sermon.	*Thug sé seanmóir (uaidh)*
That is the Protestant church.	*Sin é an teampall Protastúnach.*
The Devil does not like holy-water.	*Ní maith leis an Diabhal an t-uisce coisricthe.*

Tomorrow is a church holyday.	*Lá saoire eaglaise is ea an lá amárach.*
Christmas day	*Lá Nollag*
Saint Patrick's day	*Lá Fhéile Pádraig (Lá 'le Pádraig)*
May Day	*Lá Bealtaine*
Easter Sunday	*Domhnach Cásca*

Am agus dáta/Time and date

What time is it?	*Cén t-am é?*
One o'clock	*A haon a chlog*
Two o'clock	*A dó a chlog*
A minute past three	*Nóiméad tar éis a trí*
Two, three, four, minutes past four.	*Dhá, trí, ceithre nóiméad tar éis a ceathair.*
Five, ten, twenty, twenty-five past . . .	*Cúig, deich, fiche, fiche cúig nóiméad tar éis a ...*
A quarter past, half past . . .	*Ceathrú tar éis, leathuair tar éis . . .*
Eighteen minutes to six	*Ocht nóiméad déag chun a sé*
Midday	*Meán lae*
Midnight	*Meán oíche*
My watch is slow (fast)	*Tá m'uaireadóir mall (mear)*
The clock is stopped.	*Tá an clog ina stad.*
It is early (late).	*Tá sé luath (déanach)*
(on) Monday	*Dé Luain*
(on) Tuesday	*Dé Máirt*
(on) Wednesday	*Dé Céadaoin*
(on) Thursday	*Déardaoin*
(on) Friday	*Dé hAoine*
(on) Saturday	*Dé Sathairn*
January	*Eanáir*
February	*Feabhra*

March	*Márta*
April	*Aibreán*
May	*Bealtaine*
June	*Meitheamh*
July	*Iúil*
August	*Lúnasa*
September	*Meán Fómhair*
October	*Deireadh Fómhair*
November	*Samhain (Mí na Samhna)*
December	*Nollaig (Mí na Nollag)*
A week ago	*Seachtain ó shin*
Next month	*An mhí seo chugainn*
This year	*I mbliana*
Last year	*Anuraidh*
A period of three consecutive months	*Ráithe*
This week	*An tseachtain seo*
Last week	*An tseachtain seo caite*
Next week	*An tseachtain seo chugainn*
I have been here for a week.	*Táim anseo le seachtain.*
I will be here for a week.	*Beidh mé anseo go ceann seachtaine.*
I will be going in a week.	*Beidh mé ag imeacht i gceann seachtaine.*
A fortnight	*Coicís*
In a fortnight	*I gceann coicíse*
It was on yesterday	*Bhí sé ar siúl inné.*
He will come today or tomorrow.	*Tiocfaidh sé inniu nó amárach.*
He was here the day before yesterday.	*Bhí sé anseo arú inné.*
I will do it the day after tomorrow.	*Déanfaidh mé arú amárach é.*

He works day and night.	*Bíonn sé ag obair lá agus oíche.*
I will get it in the morning.	*Gheobhaidh mé ar maidin é.*
In the afternoon (evening to nightfall) (on) Monday evening.	*Um thráthnóna.*
	Tráthnóna Dé Luain
What is on to-night?	*Céard atá ar siúl anocht?*
I will see to it immediately.	*Féachfaidh mé chuige láithreach (baill).*
Wait a while.	*Fan go fóill.*
I will go there in a while.	*Rachaidh mé ann ar ball.*
Never (in future)	*Choíche*
I will never go there.	*Ní rachaidh mé ann choíche.*
Never (in past)	*Riamh*
I was never there.	*Ní raibh mé riamh ann.*
Have you got a calendar?	*An bhfuil féilire agat?*
Put it in your diary.	*Cuir i do dhialann é.*

Scoil/School

What is your teacher's name?	*Cád is ainm do do mhúinteoir?*
Where is the head-master?	*Cá bhfuil an príomhoide?*
He is a school teacher.	*Múinteoir scoile is ea é.*
Are you the school master?	*An tú an máistir scoile?*
The school mistress is come.	*Tá an mháistreás scoile tagtha.*
Get your school-bag.	*Faigh do mhála scoile.*
You forgot your lunch.	*Dhearmad tú do lón.*
Are you going to school?	*An bhfuil tú ag dul ar scoil?*

Did you get any home-work?	*An bhfuair tú aon obair bhaile?*
Do your home-work (i.e. home lessons)	*Déan do cheachtanna baile.*
Take out your school-book.	*Tóg amach do leabhar scoile.*
There is no black-board in the room.	*Níl aon chlárdubh sa seomra.*
Are you a student?	*An mac léinn tú?*
Which pupil said it?	*Cé acu dalta a dúirt é?*
I am not a good learner.	*Ní foghlaimeoir maith mé.*
I have learned it.	*Tá sé foghlamtha agam.*
I am learning it.	*Táim á fhoghlaim.*
It is free of charge.	*Tá sé saor in aisce.*
What kind of school is it?	*Cén saghas scoile atá ann?*
A primary school	*Bunscoil*
A secondary school	*Meánscoil*
A vocational school	*Gairmscoil*
A technical school	*Ceardscoil*
A comprehensive school	*Scoil chuimsitheach*
A community school	*Pobalscoil*
University	*Ollscoil*
College	*Coláiste*
He is in boarding school	*Tá sé i scoil chónaithe.*
Is there a pre-school there?	*An bhfuil naíonra ann?*
Write to the Department of Education.	*Scríobh chuig an Roinn Oideachais.*
The school holidays are too long.	*Tá laethanta saoire na scoile ró-fhada.*
Religious instruction.	*Teagasc Críostaí/ Teagasc Creidimh.*
Your name is not on the roll.	*Níl do ainm ar an rolla.*

Nócha ainmfhocal/Ninety nouns

Some words are used a lot more than others. A given word usually has a number of functions or meanings. Generally speaking these functions or meanings are related and the relationship seems obvious to speakers of the language. The various meanings may be and indeed very often are, represented by unrelated words and expressions in other languages. In this section we give ninety Irish nouns and some of their more common functions. Any good dictionary will give additional functions for many of them. The ninety nouns given here are set down in the order of their frequency of occurance in ordinary conversation.

Fios

Tá a fhios agam.	*I know.*
Go bhfios dom.	*As far as I know.*

Bith

Níl duine ar bith ann.	*There is no one at all there.*

Rud

Tá rud éigin cearr.	*There is something wrong.*
An rud a tharla.	*The thing that happened.*
An rud atá á rá agam.	*What I am saying.*
Ós rud é gur tháinig tú	*Since (it is a fact that) you came*
Ó mhuise, an rud bocht!	*Oh dear, the poor thing!*
Fuair mé rud maith orthu.	*I got a lot for them.*
Is beag an rud é.	*It is a little thing (i.e. of no consequence).*

61

Rinne sé rud beag oibre.	*He did a little bit of work.*
An ndéanfá rud orm?	*Would you do me a favour?*
Sin deireadh an ruda.	*That is the end of the matter.*
Rudaí deasa is ea iad.	*They are nice things.*
Tá na rudaí beaga ar scoil.	*The children are at school.*

Duine

Duine an-deas is ea é.	*He is a very nice person.*
Dá bhféadfadh duine é a dhéanamh.	*If a man (person) could do it.*
Dá bhféadfadh an duine é a dhéanamh.	*If man could do it.*
Bhí duine óg ann.	*There was a young person there.*
Rang do dhaoine fásta é.	*It is a class for adults.*
Caint na ndaoine	*Ordinary speech*
Le cuimhne na ndaoine	*In living memory*
Tá sí gan duine gan daonnaí.	*She is alone in the world.*
Cé hé mo dhuine?	*Who is your man?*
Duine de na fir.	*One of the men.*
Déanfaidh duine againn é.	*One of us will do it.*
Tháinig siad ina nduine agus ina nduine.	*They came one by one.*
Tá sé ar dhuine acu.	*He is one of them.*
Labhair sé leo duine i ndiaidh a chéile.	*He spoke to them one person after another.*
Chuir siad ó dhuine go duine é.	*They passed it from one to another.*
Dá mbeadh fonn ar dhuine	*If one wished to*

Cad é an duine atá ann?	*Is it a boy or a girl? (Infant)*
Tabhair punt an duine dóibh.	*Give them a pound apiece (i.e. each).*

Lá

Oibríonn sé le solas an lae.	*He works by daylight.*
De lá agus oíche	*By day and night*
I rith an lae.	*During the day.*
Roimh an lá	*Before dawn*
Seacht lá na seachtaine	*The seven days of the week*
Lá saoire is ea é.	*It is a holiday*
An chéad lá den mhí	*The first (day) of the month*
An lá faoi dheireadh	*The other day*
Lá arna mhárach	*The following day*
Lá breithe	*Birthday*
Lá dár saol é	*A day to remember (for enjoyment)*
Lá Nollag	*Christmas Day*
Lá Fhéile Pádraig	*Saint Patrick's Day*
Ag baint lae as	*Struggling along*
Beidh lá eile ag an bPaorach.	*Little apples will grow again (i.e. there will be another chance).*
Sa lá atá inniu ann	*Now (today/at the present time)*
In ár lá féin	*In our own day (time)*
Ní raibh sé anseo le fada an lá.	*He has not been here for a long time.*
Ón lá seo amach	*From this day forth*
Lá dá raibh sé ag obair.	*One day that he was working.*

Bhí sé anseo lá.	*He was here one day (i.e. one of the days on which he was here).*

Dóigh

Ar ndóigh	*Of course*
Is dóigh liom go gceannóidh mé é.	*I think I will buy it.*
Ar aon dóigh	*Anyway*
É a dhéanamh ar an dóigh seo	*To do it in this manner.*

Áit

An áit a bhfuil sé	*The place where he is*
In/Ar áit na mbonn	*On the spot (immediately)*
Áit do chúigear	*Room (space) for five (persons)*
Áit chónaithe	*Dwelling-place*
Ó áit go háit	*From place to place*
Muintir na háite	*The local people*
Dá mbeinnse i do áit	*If I were in your place*
In áit	*Instead of*
Ina áit sin	*Instead of that.*
Cá háit?	*Where?*

Ceann

An chéad cheann	*The first one*
An ceann sin	*That one*
Ceann eile	*Another one*
Ceann sa lá	*One a day*
Punt an ceann	*A pound each*
Níl agam ach cheann.	*I have only one*
Tá hata ar a cheann	*There is a hat on his head.*

Tá ceann faoi orm.	*I am down-cast (ashamed).*
Thug tú i mo cheann é.	*You reminded me of it.*
Dul chun cinn	*Advance (progress)*
Ná tóg aon cheann de sin.	*Do not take any noitce of that.*
Ceann na téide	*The end of the rope*
An ceann ramhar	*The thick end*
Ó cheann ceann na tíre	*From one end of the country to the other.*
Bain an ceann den scéal.	*Begin the story.*
Tá sé bun-os-cionn.	*It is upside down.*
Faoi cheann seachtaine	*By (at) the end of a week (i.e. a week at most)*
Go ceann seachtaine	*For the duration of a week (to the end of a week)*
I gceann seachtaine	*In a weeks time (at the end of a week)*
Cuir i gceann a chéile iad	*Put them together*
Os cionn an dorais	*Above the door*
Os cionn míle	*Over a thousand (a mile)*
Scríobh sé thar ceann an chaptaein.	*He wrote on behalf of the captain.*
Barr mo chinn	*The top of my head.*
Tá ceithre cinn agam.	*I have four.*

Teach

Thóg sé teach.	*He built a house.*
Táim ag dul tigh Phádraig.	*I am going to Pádraig's house.*
Cá bhfuil teach an phobail?	*Where is the church (chapel)?*
Tá teach ósta ann.	*There is an hotel there.*

Tá teach tábhairne aige.	*He has a public-house.*
Seo í bean an tí.	*This is the woman of the house.*
Bean tí	*House-wife*
Tithe beaga is ea iad.	*They are small houses.*

Fear

Is fear pósta é.	*He is a married man.*
Fear léinn	*Scholar (learned man)*
Fear oibre	*Workman*
Fear poist	*Postman*
Fear (an) tí	*Man of the house (master of ceremonies)*
Fear díolta páipéar	*News-vendor*
Fir ag obair	*Men at work*
Éadach fear	*Men's clothes*
Culaith fir	*A man's suit*
Is mise a fear (céile).	*I am her husband.*

Cuid

Dhá chuid	*Two parts*
An deichiú cuid	*The tenth part*
Cuid den lá	*Some (part) of the day*
Cuid againn	*Some of us*
An chuid is measa de	*The worst part of it*
Tá cuid mhaith airgid aige.	*He has a good deal of money.*
Tá mo chuid oibre déanta.	*My work is done.*
Cá bhfuil do chuid leabhar?	*Where are your books?*

Oíche

Tagann sé istoíche.	*He comes at night.*

Dhúisigh mé i lár na hoíche.	*I woke up in the middle of the night.*
D'fhan mé thar oíche.	*I stayed over-night*
Oíche chiúin	*A quiet night (silent night)*
Tá an oíche ann.	*It is night.*
Bhí mé ann oíche . . .	*I was there one night. . . (i.e. on one of the nights on which I was there)*
Bhí mé ann oíche amháin.	*I was there one night. (i.e. one night only).*
Bhí oíche go maidin againn.	*We had an all-night party.*
Oíche Nollag	*Christmas eve*
Oíche lae Nollag	*Christmas night*
Oíche Shamhna	*Hallowe'en*
Oíche chinn bhliana	*New Year's eve*

Cor

Ní raibh sé anseo ar chor ar bith.	*He was not here at all.*
Ní raibh sé anseo in aon chor.	*He was not here at all. (Perhaps less emphatic than "ar cor ar bith")*

Fad

An mbeidh siad i bhfad?	*Will they be long?*
Ní raibh ann ach deichniúr ar fad.	*There were only ten people there altogether.*
A dhá fhad sin de théad.	*A rope twice as long as that*
Cuir a fhad eile leis.	*Make it as long again.*
Bhain sé fad as.	*He prolonged it.*
Tomhas ar a fhad é.	*Measure it along its length.*

| Slat ar fhad | *A yard long* |
| Ar feadh i bhfad. | *For a long time* |

Féidir

Is féidir (go) . . .	*It is possible (that) . . .*
Rud nach féidir a dhéanamh	*What cannot be done*
Más féidir leat	*If you can*
Ní féidir é	*It cannot be*
B'fhéidir	*Perhaps (maybe)*
Bíonn an dá b'fhéidir ann.	*There are usually two possibilities (i.e. 'Perhaps yes' implies 'perhaps no').*

Anam

Idir anam is chorp	*Both body and soul*
Duine gan anam	*Unfeeling person/person without 'life'.*
Dia le m'anam!	*God bless my soul!*
Tá, m'anam!	*Yes, indeed!*
Chuir sé anam sa chuideachta.	*He put life in the company (i.e. he livened them up).*

Dia

Dia uilechumhachtach	*Almighty God*
Dia linn!	*God bless us!*
Dia go deo leat!	*Well done!*
In ainm Dé	*In God's name*
I gcuntas Dé	*For heaven's sake*
Tá a fhios ag Dia	*God knows*
Tá Dia láidir	*God is good.*

Uair

Uair an chloig	*An hour*
Táim anseo le huair an chloig.	*I am here for the past hour*
Ar feadh uaire	*For an hour*
Punt san uair	*A pound an hour*
Ar uair an mheán oíche	*At the hour of midnight*
An uair seo dá shaol	*At this time of his life*
Uaireanta oibre	*Hours of work*
An chéad uair	*The first time*
Den chéad uair	*For the first time*
Níorbh é an chéad uair agat é.	*It was not your first time.*
Uair éigin eile	*Some other time*
Uair sa bhliain	*Once a year*
Aon uair amháin	*Once*
Gach aon uair	*Every time*
Aon uair is maith leat	*Any time you like*
Uair	*Once upon a time*
Trí huaire	*Three times*
Uair nó dhó	*Once or twice*
Uaireanta	*Sometimes*
Uair umá seach	*Once in a while*
Uair ar bith	*Anytime*

Am

Cén t-am é?	*What time is it?*
Tá an clog ar an am.	*The clock is right.*
An t-am seo inné	*This time yesterday*
Am tae	*Tea-time*
In am trátha	*At the proper time (in due course)*
Tá an t-am istigh.	*Time! (The time is up!)*
An t-am seo den bhliain	*This time of year*

In am go leor	*Time enough*
Ó am go ham	*From time to time*
I rith (ar feadh) an ama	*All the time (while)*
Ag an am céanna	*At the same time*

Taobh

Taobh an bhoird	*The side of the table*
Taobh cnoic	*Side of a hill*
Ó thaobh taobh an bhóthair	*From one side of the road to the other*
Ag gabháil ó thaobh go taobh	*Going from side to side (zig-zagging)*
Cuir ar a thaobh é.	*Put it on its side.*
Ar thaobh an bhóthair	*On the side of the road*
An taobh istigh	*The inside*
An taobh deas (clé)	*The right (left) side*
Taobh na láimhe deise	*The right-hand side*
An taobh deisil	*The right side*
An taobh tuathail	*The wrong side*
Tá an taobh tuathail amach.	*It is inside out.*
Taobh na gréine	*The sunny side*
An taobh seo tíre	*This part of the country.*
Ó mo thaobhsa de	*As far as I am concerned*
Tá sé i dtaobh le feirmeoireacht.	*He is dependent on farming.*
Labhair mé leis i dtaobh X.	*I spoke to him about X.*
Labhair mé ina thaobh.	*I spoke about it (him)*
Cad ina thaobh?	*Why?*
Gach aon taobh	*For every reason*
Níl aon taobh	*No why*
Ní mór é le taobh X.	*It is not much compared with X.*
Fá dtaobh de (i dtaobh)	*About (concerning)*

Bliain

Bliain bhisigh is ea í.	*It is a leap-year.*
Bhí sé anseo an bhliain seo caite.	*He was here last year.*
An bhliain seo chugainn	*Next year*
Déanfar é sin san athbhliain.	*That will be done in the new year.*
Céad punt sa bhliain (in aghaidh na bliana)	*A hundred pounds a year*
Bliain an taca seo	*This time twelve months*
Na blianta fada ó shin	*Long (i.e. many) years ago*
Cúig bliana déag	*Fifteen years*

Caoi

An chaoi le rud a dhéanamh	*The way to do a thing*
Sa chaoi go	*So that*
Ar an gcaoi chéanna	*Likewise*
Cuir caoi air.	*Put it in order.*
Níl aon chaoi agam air.	*I do not have the means (opportunity) to do it.*

Bean

Bean shingil is ea í.	*She is a spinster.*
Seo í mo bhean (chéile)	*This is my wife.*
Beal rialta atá ann.	*It is a nun.*
Bean tí is ea mé.	*I am a house-wife.*
Tháinig dochtúir mná isteach.	*A lady – (woman) doctor came in.*
Chonaic mé bangharda ar an staighre.	*I saw a policewoman on the stairs.*
Tá na mná anseo.	*The women are here.*

Scoil

Níl aon scoil lae sa chomharsanacht.	*There is no day-school in the neighbourhood.*
Tá an scoil oíche an-áisiúil.	*The night-school is very handy.*
Tá scoil na mbuachaillí in aice na háite	*There is a boys' school near the place.*
Tógadh scoil chuimsitheach ann.	*A comprehensive school was built there.*
Múinteoir scoile is ea é.	*He is a school-teacher.*
Ag dul ar scoil	*Going to school*
Tá na scoileanna dúnta.	*The schools are closed.*

Diaidh

Diaidh ar ndiaidh	*Gradually*
Romham agus i mo dhiaidh	*Before and after me*
An lá ina dhiaidh sin	*The day after that*
Ina dhiaidh seo	*From this out (henceforth)*
Ina dhiaidh sin is uile	*In spite of all that*

Mórán

Bhí mórán daoine ann.	*There were many people there.*
Gan mórán moille	*Without much delay*
Le mórán dua	*With much difficulty*
Tá mórán Éireann airgid aige.	*He has a vast amount of money.*
Mórán Éireann daoine	*A vast number of people*
Mar a chéile iad, mórán.	*There is not much difference between them.*

Gaeilge

Níl mórán Gaeilge agam.	*I have not much Irish.*
Táim ag foghlaim na Gaeilge.	*I am learning Irish.*

Baile

Téigh abhaile.	*Go home.*
Níl sí sa bhaile.	*She is not at home.*
I bhfad ó bhaile	*Far from home*
Níor tháinig sé chun baile chuige é sin a rá.	*He had no right to say that.*
Tá arán baile againn.	*We have home-made bread.*
'Sliabh Riach' atá ar an mbaile fearainn sin.	*That townland is called 'Sliabh Riach'.*
An bhfuil sé in aice leis an mbaile mór?	*Is it near the town?*

Geall

Chuir sé an talamh i ngeall.	*He pledged (mortgaged) the land.*
Thug tú do gheall.	*You pledged your word.*
Cuirfidh mé geall leat.	*I will put a bet with you.*
Is liomsa an geall.	*I win the bet.*
Bíodh geall go bhfuil.	*You may bet there is.*
Tá sé geall le bheith déanta.	*It is almost done (made).*
Geallaimse duit (go) . . .	*I promise you (that) . . .*
Mar gheall ar	*On account of*
Mar gheall air sin	*On that account*
Ná déan é i ngeall ormsa.	*Do not do it because of me.*
Cad mar gheall air?	*What about it?*
Tá siad geallta dá (le) chéile.	*They are engaged to each other.*

Maidin

Chonaic mé maidin gheimhridh é.	*I saw him on a winter morning.*
Bhí sé anseo maidin Domhnaigh.	*He was here on a Sunday morning.*
Bhí sé anseo maidin Dé Domhnaigh.	*He was here on Sunday morning.*
Ar maidin inné	*Yesterday morning*
An chéad rud ar maidin	*First thing in the morning*
Ó mhaidin go hoíche	*From morning till night*
Tá sé ag ól ó mhaidin.	*He is drinking since morning.*
Tá sé ina mhaidin.	*It is morning.*
Obair na maidine	*The morning's work.*
Maidin lá arna mhárach	*The following morning*

Diabhal

An diabhal capall sin.	*That devil of a horse.*
An diabhal bocht!	*The poor devil!*
D'anam don diabhal!	*The devil take you!*
Bíodh an diabhal acu!	*They can go to hell!*
Is cuma sa diabhal!	*It does not matter a damn!*
Tá sé ag obair in ainm an diabhail.	*He is working like the devil (i.e. very hard).*
A dhiabhail!	*You devil! (The devil!) (Denoting surpise).*

Cónaí

Tá cónaí orm i gCorcaigh.	*I live in Cork.*
Tá cónaí orthu ann.	*They live there.*
Gan stad gan chónaí	*Without stop or stay (i.e. unceasingly)*
Déanann sé é sin i gcónaí.	*He always does that.*

Dada

Níl dada ann.	*There is nothing there.*
Níl dada le déanamh aige.	*He has nothing to do.*

Deireadh

Sin deireadh an scéil.	*That is the end of the story.*
Tháinig deireadh leis.	*It came to an end.*
Ó thús deireadh	*From beginning to end.*
Tá deireadh déanta.	*Everything is done.*
Má tá deireadh ite agat	*If you have finished eating*
Faoi dheireadh	*At last*
Sheas sé ar a chosa deiridh.	*He stood on his hind legs.*
Dhún an fear deiridh an geata.	*The last man closed the gate.*

Siúl

Tá siúl ag an leanbh.	*The child is able to walk.*
Is fada an siúl é.	*It is a long walk.*
Cuir ar siúl é.	*Put it going (i.e. in motion).*
Tá dráma ar siúl.	*There is a play going on (in progress).*
Cad atá ar siúl acu?	*What are they doing?*
Tá sé ar shiúl.	*He is gone.*
Tá ráfla sa siúl.	*There is a rumour in circulation.*

Carr

Tá carr nua ceannaithe agam.	*I have bought a new car.*
Tá doras an chairr scríobtha.	*The door of the car is scratched.*

Dath

Tá dath dearg air.	*It is red (in colour).*
Bhí sé ar dhath an óir.	*It was the colour of gold (golden).*
Thréig an dath.	*The colour faded.*
Cheannaigh sé bosca dathanna.	*He bought a box of paints.*
Bhí dath na fírinne air.	*It had the semblance of truth.*
Ní mór duit an dath a imirt.	*You must follow suit (in card playing).*
Níl a dhath le rá agam.	*I have nothing to say.*

Athair

An tusa a athair altrama?	*Are you his foster-father?*
Athair céile Phádraig is ea é.	*He is Pádraig's father-in-law.*
Cailleadh mo shean-athair.	*My grandfather died.*
Bhí an tAthair Naofa anseo.	*The Holy Father (The Pope) was here.*
Níl an tAthair Ó Briain anseo.	*Father Ó Briain is not here.*
Níl, a Athair.	*No, Father.*

Madra

Tá madra ag an ngeata.	*There is a dog at the gate.*
Tóg na madraí ag siúl.	*Take the dogs for a walk.*

Gasúr (Garsún)

Gasúr deas is ea é.	*He is a nice boy.*
Tá na garsúin ag imirt.	*The boys are playing.*

Mac

Is é seo mo mhac.	*This is my son.*
Mac liom is ea é.	*He is a son of mine.*
Mac dearthár.	*Brother's son (nephew).*
Mac mic	*Son's son (grandson)*
Go sábhála Mac Dé sinn!	*May the Son of God save us!*
Éist liomsa, a mhic ó!	*Listen to me, my son (my fellow)!*
Chuir sé gach mac máthar acu amach.	*He put out every mother's son of them (i.e. all of them).*
An mac léinn tusa chomh maith?	*Are you too a student?*

Coinne

Tá coinne agam leis.	*I have an appointment with him (I am expecting him).*
Ní raibh aon choinne agam leis.	*I had not expected him (it).*
Gan choinne	*Unexpectedly*
Níl aon áit agam faoi choinne leabhar.	*I have no place in which to put books.*
Tá raidhse móna aige faoi choinne an gheimhridh.	*He has plenty of turf for use during the winter.*
Tá litir agam faoi do choinne.	*I have a letter awaiting you.*
Chuaigh sé faoi choinne uisce.	*He went to fetch water.*
Táim ina choinne.	*I am against it.*
Chuir mé ina choinne.	*I opposed it.*

Máthàir

Tá mo mháthair as baile.	*Mo mother is away (from home).*
Bhí máthair chéile mo mhic ann.	*My son's mother-in-law was there.*
Is í Muire máthair Dé.	*Mary is the mother of God.*

Oiread

Níl ceann agamsa ach (an) oiread.	*I do not have one either.*
Tá oiread agat liom féin.	*You have as much as I have.*
Cad chuige oiread sin deifre ort?	*Why are you in such a hurry?*
Níl oiread sin aithne agam air.	*I do not know him that well.*
Ach oiread leis sin	*For that matter*
Níl oiread is pingin agam.	*I have not as much as a penny.*
Tá a dhá oiread agam.	*I have twice as much.*
A oiread eile	*As much again*

Méid

An méid airgid atá aige.	*The amount of money he has*
An méid sin	*That much*
An méid sin fear	*That many men (that number of men/so many men)*
Sin an méid is fiú é.	*That is what it is worth.*
Thairg mé an méid sin air.	*I offered that much for it.*

Seachtain

Bhí sé anseo seachtain ó shin.	*He was here a week ago.*
Seachtain na Cásca a bhí ann.	*It was Easter Week.*
Tá obair na seachtaine déanta.	*The week's work is done.*
Cé acu lá den tseachtain?	*Which day of the week?*
Tá sé ar siúl le seachtainí fada anuas.	*It is going on for the past several weeks.*
Is mór an méid sé seachtaine.	*Six weeks is a lot.*

Ainm

Cad is ainm duit?	*What is your name?*
Ainm agus sloinneadh	*Name and surname*
Pádraig is ainm baiste dom.	*Pádraig is my baptismal (christian) name.*
Is ainm bréige é sin.	*That is a false name.*
Cén t-ainm atá ar an leabhar?	*What is the name of the book?*
Tadhg is ainm dom.	*My name is Tadhg.*
Tá sé in ainm a bheith ann.	*He is supposed to be there.*
In ainm Dé!	*In the name of God!*
Tá ainm na troda air.	*He has a reputation for fighting.*

Scéal

Sin é mo scéal.	*That is my story.*
Mo scéal féin	*My own (life-) story*
Scéal i mbarr bata is ea é.	*It is a cock-and-bull story.*

An bhfuil aon scéal
nua agat?

Any news?

Níl ann ach scéal scéil.
Mar seo atá an scéal . . .

It is only hearsay.
The fact of the matter is
(This is how the matter
is)

Sagart

Sagart is ea é.
Táim ag dul go teach
an tsagairt.
Ní aithneoinn an sagart
paróiste thar an sagart
óg.

He is a priest.
I am going to the priest's
house.
I would not know the
parish priest from the
curate.

Bealach

Tá an bealach ar eolas
aige.
Ar an mbealach mór
Bealach na Bó Finne
atá air.
Bhí sé ag siúl an
bhealaigh.

He knows the way
(road).
On the highway
It is called the Milky
Way.
He was walking the
road.

Ann

Táim in ann é a
dhéanamh.

I am able to do it.

Créatúr

An créatúr bocht!

The poor creature
(person)

Níl ionam ach créatúr
gan mhaith.
Créatúir dheasa iad.

I am only a helpless
creature.
They are nice
(unfortunate) people.

Maighdean

An Mhaighdean Mhuire	*The Virgin Mary*

Tae

Ar mhaith leat cupán tae?	*Would you like a cup of tea?*

Uisce

Cuir in uisce fuar iad.	*Put them in cold water.*
Ní uisce coisricthe é sin.	*That is not holy-water.*
Ólaim uisce beatha.	*I drink whiskey.*
Níl aon uisce domhain san abhainn.	*There is no deep water in the river.*
Déanfaidh sé uisce anocht.	*It will rain heavily to-night.*
Tá uisce faoi thalamh ar bun.	*There is a conspiracy afoot.*

Mamaí

Cá bhfuil do mhamaí?	*Where is your mammy?*

Sórt

Rudaí den sórt sin	*Things of that kind*
Bhí sórt eagla orm.	*I was a little afraid.*

Leath

An leath tosaigh	*The front part*
An leath deiridh	*The hind quarters*
Leath an ama	*Half the time*
An chéad leath den chluiche	*The first half of the match*

(The form 'leith' is used in certain phrases.)

Chuir sé in áit ar leith é.	*He put it in a particular place.*

Tá ceann faoi leith uaim.   *I need a particular one.*

Tabhair aire ar leith dó.   *Take special care of it.*

I leith na láimhe deise   *Towards the right-hand side.*

Ag dul i leith a chúil   *Backing away*

Chuir sé mórán rudaí i mo leith.   *He accused me of many things.*

Tar i leith.   *Come here.*

Iompaigh i leith.   *Turn this way (look at me).*

Ó shin i leith   *Since then*

Cos

Tá sé ar leathchois.   *He is on one leg (one-legged).*

Cos an bhoird   *The leg of the table*

Rug an coinín na cosa leis.   *The rabbit escaped.*

Chuir sé cos i dtaca.   *He dug in (He refused to yield).*

D'imir siad cos ar bolg orainn.   *They oppressed us.*

Tá cos na scuaibe briste.   *The handle of the brush is broken.*

Lena chois sin.   *Along with that*

Domhnach

Domhnach Cásca is fearr chuige.   *Easter Sunday is best for it.*

Domhnach Cincíse   *Whit Sunday*

Rinne mé Turas na
Cruaiche Domhnach
Chrom Dubh.

*I climbed The Reek
(Croagh Patrick) the last
Sunday in July. (There is
no title in English for this
traditional day of
pilgrimage.*

Maith

An mhaith a dhéanamh
Níl aon mhaith ann.
Chuir sé ó mhaith é.
Go raibh maith agat.

*To do good
It is useless.
He rendered it useless.
Thanks.*

Bád

Tá bád seoil agam.

I have a sailing boat.

Clog

Buail an clog.
Tá sé a haon a chlog.
Cad a chlog é? (Cén
t-am é?)
Uair an chloig ó shin
Tá clog ar mo dhorn.

*Ring the bell.
It is one o'clock.
What time is it?*

*An hour ago.
There is a blister on my
fist.*

Móin

Móin mhaith is ea í.
Díoltar brící móna
anseo.
Cuir fód móna ar an
tine.

*It is good turf.
Turf briquettes are sold
here.
Put a sod of turf on the
fire.*

Muintir

Mo mhuintir féin

My own people

Muintir na hÉireann	The people of Ireland
Muintir an tí	The people of the house
Bhí mé i dteach na muintire eile.	I was in another person's house.

Beirt

Ní raibh i láthair ach beirt nó triúr.	There were only two or three (people) present.
Beirt fhear (bhan/ pháistí)	Two men (women/ children)
Áit do bheirt	A place for two (people)
Tá beirt againn ann.	There are two of us.

Cineál

A chineál féin	His own kind
An cineál sin oibre	That kind of work
Tá sé cineál fuar.	It is rather cold.

Éis

Tar éis	After
Tar éis an tsaoil	After all
Tá sé tar éis teacht isteach.	He has come in.

Time

Tá tine mhór sa seomra.	There is a big fire in the room.
Las siad tine chnámh nuair a bhuaigh siad an cluiche.	They lit a bonfire when they won the match.
Bhí an teach trí thine.	The house was on fire.

Airgead

| Tá airgead i mo phóca. | There is money in my pocket. |

Níl pingin airgid aige.   *He has not a penny (i.e.*
                                 He has no money).
Ór agus airgead.   *Gold and silver.*

Lámh

Lámh   *Hand (arm/arm and*
                                 hand)

Croith lámh leis.   *Shake hands with him.*
Ar do láimh chlé   *On your left (-hand side)*
Ar thaobh na láimhe   *On the right-hand side*
deise
Cad atá idir lámha agat?   *In what are you engaged.*
Gabhadh do láimh é.   *He was captured.*
Cuir de láimh é.   *Dispose of it.*
Thóg sé le lámh láidir é.   *He took it by force.*
Obair láimhe   *Manual work*
Láimh le Corcaigh   *Near Cork*
Tá sé in aice láimhe.   *It is near at hand.*
Bhí a dhá lámh chomh   *He was empty-handed.*
fada lena chéile.

Béarla

An bhfuil Béarla agat?   *Do you speak English?*
Tá labhairt an Bhéarla   *He can speak English.*
aige.
Tá scríobh an Bhéarla   *He can write English.*
aige.

Bóthar

Tabhair an bóthar ort   *Get going!*
féin!
An bóthar mór   *The main road*
I lár an bhóthair   *In the middle of the road*
An bóthar iarainn   *The railway*

Punt

Thug mé punt air.	*I paid a pound for it.*
Deich bpingin an punt	*Ten pence a pound*
Punt ime	*A pound of butter*

Codladh

Tá codladh air.	*He is sleepy.*
Tá sé ina chodladh.	*He is asleep.*
Thit a chodladh air.	*He fell asleep.*
Oíche chodlata	*A night's sleep*
Ag caint trína chodladh	*Talking through his sleep*
Codladh sámh!	*Sleep well!*
Tá dhá sheomra codlata ann.	*There are two bed-rooms there (in it).*

Fáth

Cén fáth?	*Why?*
Dá mbeadh fáth leis	*If there was a reason for it*
Gan fáth gan ábhar	*Without any reason*

Céile

Seo í mo bhean chéile.	*This is my wife.*
Is mise a fear céile.	*I am her husband.*
Ag caint lena chéile	*Talking to each other*
Bain as a chéile é.	*Take it apart.*
Ó lá go chéile	*From day to day*
Mar a chéile iad	*They are alike*
Is é an dá mhar a chéile é.	*It is the same thing.*
Tá sé trína chéile	*He is mixed up*
Cuir le chéile iad.	*Put them together.*

Cuma

Tá cuma an-deas air.	*It has a very nice appearance.*
Tá cuma na hoibre air.	*He has a workmanlike appearance.*
Tá an chuma sin air.	*It looks like that.*
Ar chuma éigin	*Somehow*
Ar aon chuma (ar chuma ar bith)	*At any rate*
Ar an gcuma chéanna	*Likewise*
Ar mo chuma féin	*Like myself (as in my own case)*
Is cuma duit.	*It does not matter to you.*
I cuma liom.	*I do not care.*
Is cuma ann nó as é.	*It does not matter (whether it exists or not).*
Is cuma	*No matter*
Tá sé ar nós cuma liom (faoi).	*He is indifferent (to it).*

Aghaidh

Thug sé aghaidh orm.	*He turned to face me.*
Tá sé ar aghaidh an tí.	*It is facing the house.*
Thug sé céim ar aghaidh	*He took a step forward (He made progress).*
Ag dul ar aghaidh	*Going forward (making progress)*
In aghaidh na gaoithe	*Against the wind*
Chuir sé in aghaidh Phádraig.	*He opposed Pádraig*
Punt in aghaidh na seachtaine.	*A pound a week*
Le haghaidh na hócáide	*For the occasion*
Le haghaidh óil	*For drinking purposes.*

Ais

Cuir ar ais é.	*Put it back.*
Ar ais arís	*Back again*
Le hais	*Beside (compared with)*

Ceart

Tá an ceart agat.	*You are right.*
Tá cearta sibhialta á lorg acu.	*They are seeking civil rights.*
Cuir i gceart é.	*Set it right.*
Tá sé i gceart anois.	*It is right now.*
Ceart go leor.	*All right (very well).*

Aithne

Tá aithne agam air.	*I know him.*

Caora

Níl bó ná caora agam.	*I have neither cow nor sheep*
Tá caoirigh ar an gcnoc.	*There are sheep on the hill.*

Cloch

Chaith sé cloch leis.	*He threw a stone at it.*

Doras

Tá sé ag doras an tí.	*He is at the door of the house.*
Téigh go dtí an doras tosaigh.	*Go to the front door.*
Cuir ó dhoras é.	*Get rid of him.*

Leanbh

| Seachain an leanbh ar an tine. | *Keep the child away from the fire.* |
| Tá na leanaí ag súgradh. | *The children are playing.* |

Obair

Tá obair le déanamh.	*There is work to be done.*
Ní maith liom obair oíche.	*I do not like night-work.*
Díoltar go maith as ragobair.	*They pay well for overtime.*
Rinne sé lá oibre.	*He did a day's work.*
Tá sé ag obair.	*He (it) is working.*

Píosa

Faigh píosa páipéir.	*Get a piece of paper.*
An bhfuil píosa deich bpingine agat?	*Have you got a tenpenny piece?*
Tá píosaí eile anseo.	*There are other pieces here.*
D'fhan sé anseo píosa.	*He stayed here a while.*

Tamall

Bhí mé ann tamall.	*I was there for a while.*
Tamall den oíche.	*A piece (part) of the night.*
Ar feadh tamaill	*For a while*
I gceann tamaill	*After a while*
Le tamall anuas	*For some time past*
Tá sé tamall ó bhaile.	*He (it) is some distance from home.*

Cailín

| Cailín óg is ea í. | *She is a young girl.* |

Tá na cailíní ag obair go dian.	*The girls are working hard.*

Corr nithe/Unclassified Items

Cad atá cearr?	*What is the matter?*
Cén chiall atá leis sin?	*What does that mean?*
Is deacair a rá.	*It is difficult to say.*
Tar go luath.	*Come early.*
Is furasta sin a dhéanamh.	*It is easy to do that.*
Níl ann ach bosca folamh.	*It is only an empty box.*
Is greannmhar sin de.	*That is funny (peculiar)*
Is ait sin.	*That is strange.*
Tá sé an-chrua.	*It is very hard.*
Tá go maith.	*Very well.*
Is trua sin.	*That is a pity.*
Ní thuigim.	*I do not understand.*
Abair arís é.	*Say it again.*
Cá bhfuil Brú na hÓige?	*Where is the youth hostel?*
Táimid faoi champa.	*We are camping.*
Tá mála codlata agam.	*I have a sleeping-bag.*
Cá bhfuil do phuball?	*Where is your tent?*
An bhfuil sé níos mó nó níos lú?	*Is it bigger or smaller?*
Tá ceann rómhór agus tá an ceann eile róbheag.	*One is too big and the other is too small.*
Tabhair admháil dom.	*Give me a receipt.*
Ní chaithim spéaclaí gréine.	*I do not wear sunglasses.*
Ní mór dom bataire nua a fháil.	*I must get a fresh battery.*
Tá úrscéal á léamh agam.	*I am reading a novel.*

Caith do T-léine.
Táim cinnte gur fhág
mé rud éigin tábhach-
tach ar lár.

Wear your T-shirt.
I am sure I have left out
something important.

Seoltaí Úsáideacha/Useful Addresses

Gael Linn, 26 Cearnóg Mhuirfean, Baile Átha Cliath 2. Teil. (01) 767283. Subsidiaries: Foras na Gaeilge, Slógadh, Inishfree Hand-knits. Activities include: Intensive and other courses in Irish language for adults and young people throughout the country; Administration of Irish language summer schools; Publication of music and songs on records and cassettes; Production of films with Irish language sound tracks; Youth festival.

Conradh na Gaeilge, 6 Sráid Fhearchair, Baile Átha Cliath 2. Teil. 757401. Subsidiaries: An tOireachtas; Clódhanna Teo.; Ógras. Activities include: Irish language classes; Publication of *Feasta*, a monthly review; Branches in Ireland and abroad.

Comhdháil Náisiúnta na Gaeilge, 86 Sráid Gardner Íocht., Baile Átha Cliath 1, Teil. 752231.
This is the co-ordinating body for the voluntary Irish language organisations.

Roinn na Gaeltachta, 1 Sráid na Mórchanálach Íocht., Baile Átha Cliath 2. Teil. (01) 764751. Objectives: The promotion of the cultural, social and economic life of the Gaeltacht and to assist in the preservation and development of Irish as a medium of communication.

Údarás na Gaeltacha, Na Forbacha, Co. na Gaillimhe. Teil. (091) 21011. Objectives: The preservation and extension of the use of Irish as a medium of communication in the Gaeltacht through economic development.

Bord na Gaeilge, 7 Cearnóg Mhuirfean, Baile Átha Cliath 2. Teil. (01) 763222. A State board established to extend the use of Irish as a general means of communications, especially as a spoken language.

Raidió na Gaeltachta, Casla, Conamara, Co. na Gaillimhe. Teil. (091) 62161. Founded to provide a complete broadcasting service in Irish. Broadcasts on medium wave in Conamara (556m), Na Doirí Beaga (Donegal) (312m), and in Corca Dhuibhne (Kerry) (362m) and on VHF at Machaire (93.20MHz). Trosc Mór (92.6MHz), Mullach an Ois

(94.4MHz), Cip Iúir (93.5MHz), Stua Laighean (94.9MHz) and
Domhnach Broc (91.3 mHz).

An Comhchoiste Réamhscolaíochta, f/ch 7 Cearnóg Mhuirfean,
Baile Átha Cliath 2 Teil. 763222. A joint committee (Bord na
Gaeilge and Na Naíonraí Gaelacha) for the promotion of
preschooling through Irish. Advice and assistance available to
parents wishing to set up new *naíonraí* (Irish preschools).

Coláiste Íosagáin de la Salle, Baile Mhúirne, Co. Chorcaí. Teil.
(026) 45003. Irish medium secondary boarding school for boys.
boys.

Coláiste Mhuire na Trócaire, Tuar Mhic Éadaigh, Co.
Mhuigheo. Teil. 2. Irish medium secondary boarding school for
girls.

Comhaltas Ceoltóirí Éireann, Cultúrlann na hÉireann, Cearnóg
Belgrave, Baile na Manach, Co. Bhaile Átha Cliath. Teil. (01)
800295. Society for the preservation and development of
traditional Irish music.

Comhchoiste Náisiúnta na gColáistí Samhraidh, 86 Sráid
Gardner, Baile Átha Cliath 1. Teil. (01) 752231. This is the co-
ordinating body for the Irish language Colleges.

An Réalt, 9 Ardán Fhearchair, Baile Átha Cliath 2. A cultural
organisation under the auspices of The Legion of Mary.
Branches in major centres of population and in some Gaeltacht
areas.

Comhaltas Uladh de Chonradh na Gaeilge, 1 Riverdale Park
North, Belfast BT LL 9DL. See *Conradh na Gaeilge* above.

LETTERS FROM THE GREAT BLASKET

EIBHLÍS NÍ SHÚILLEABHÁIN

This selection of *Letters from the Great Blasket,* for the most part written by Eibhlís Ní Shúilleabháin of the island to George Chambers in London, covers a period of over twenty years. Eibhlís married Seán Ó Criomhthain – a son of Tomás Ó Criomhthain, An tOileánach (The Islandman). On her marriage she lived in the same house as the Islandman and nursed him during the last years of his life which are described in the letters. Incidentally, the collection includes what must be an unique specimen of the Islandman's writing in English in the form of a letter expressing his goodwill towards Chambers.

Beginning in 1931 when the island was still a place where one might marry and raise a family (if only for certain exile in America) the letters end in 1951 with the author herself in exile on the mainland and 'the old folk of the island scattering to their graves'. By the time Eibhlís left the Blasket in July 1942 the island school had already closed and the three remaining pupils 'left to run wild with the rabbits'.

MÉINÍ THE BLASKET NURSE

LESLIE MATSON

This is the life story of a remarkable woman, Méiní
Dunlevy. Born in Massachusetts of Kerry parents, Méiní
was reared in her grandparents' house in Dunquin. When
she was nineteen, she eloped with an island widower to
the Great Blasket, where she worked as a nurse and mid-
wife for thirty-six years. Returning widowed to Dunquin,
she died in 1967, aged 91.

Méiní's story, recorded by the author from her own
accounts and those of her friends and relatives in
Dunquin, is an evocation of a forceful, spicy personality
and a compelling reconstruction of a way of life that has
exercised an enduring fascination for readers. *Méiní, the
Blasket Nurse* is a worthy successor to *An t-Oileánach* and
Twenty Years a-Growing.

TOSS THE FEATHERS
IRISH SET DANCING

PAT MURPHY

Toss the Feathers provides a comprehensive approach to set dancing. It contains sixty-four complete set dances, including all those danced commonly in classes, summer schools and at feiseanna. These are laid out in conventional set terminology and can be easily followed by teachers, pupils and anyone who has an acquaintance with the art of set dancing. The book also contains the first concise history of the development of set dancing in Ireland from its eighteenth-century European origins.

IN MY FATHER'S TIME

EAMON KELLY

In My Father's Time invites us to a night of storytelling by Ireland's greatest and best loved seanchaí, Eamon Kelly. The fascinating stories reveal many aspects of Irish life and character. There are tales of country customs, matchmaking, courting, love, marriage and the dowry system, emigration, American wakes and returned emigrants. The stream of anecdotes never runs dry and the humour sparkles and illuminates the stories.